陕西

中华文明的肇始之地

主 编　翟　博

副主编　王永智　吴耀武

外语教学与研究出版社
北京

© 教育部中外语言交流合作中心 / 新航道国际教育集团

图书在版编目 (CIP) 数据

陕西：中华文明的肇始之地 / 翟博主编；王永智，吴耀武副主编. --
北京：外语教学与研究出版社，2022.10
　（故事里的中国）
　ISBN 978-7-5213-4039-6

　Ⅰ. ①陕… Ⅱ. ①翟… ②王… ③吴… Ⅲ. ①陕西－地方史－通俗读物
Ⅳ. ①K294.1-49

中国版本图书馆 CIP 数据核字 (2022) 第 196163 号

出 版 人　王　芳
项目编辑　刘智贤
责任编辑　鞠　慧
责任校对　李彩霞
装帧设计　刘　爽
出版发行　外语教学与研究出版社
社　　址　北京市西三环北路 19 号（100089）
网　　址　http://www.fltrp.com
印　　刷　北京盛通印刷股份有限公司
开　　本　710×1000　1/16
印　　张　11
版　　次　2022 年 11 月第 1 版　2022 年 11 月第 1 次印刷
书　　号　ISBN 978-7-5213-4039-6
定　　价　69.00 元

购书咨询：（010）88819926　电子邮箱：club@fltrp.com
外研书店：https://waiyants.tmall.com
凡印刷、装订质量问题，请联系我社印制部
联系电话：（010）61207896　电子邮箱：zhijian@fltrp.com
凡侵权、盗版书籍线索，请联系我社法律事务部
举报电话：（010）88817519　电子邮箱：banquan@fltrp.com
物料号：340390001

序

　　中国是什么？它是拥有五千年历史的文明古国，也是世界第二大经济体。它拥有 14 亿多人口、约 960 万平方千米的陆地、约 473 万平方千米的海域、4 个直辖市、23 个省、5 个自治区、2 个特别行政区……

　　客观的数字可以勾勒出中国的概貌，却无法展现出一个生动丰满的国家形象。

　　中国究竟是什么样子？那里的人们过着怎样的生活？中国从何而来，又将去向何方？世界对中国充满了好奇，中国也想更好地告诉世界。

　　一方水土养一方人。对每一位中国人来说，国家的归属感源于自己生长起来的那片土地。家乡不仅是地图上一个小小的坐标、几个简单的文字符号，还保留着一代又一代人成长的印记。那浓浓的乡音、忘不掉的乡愁，连接着过去、现在与未来。

　　中国人的脑海里，一个个独特的故事组成了真实鲜活的中国；而对每一位外国朋友来说，中国的形象是根据他们到访的每个地方建立的。无论是探访历史名城、感受风俗民情，还是游历名川大山、欣赏壮美风景，他们随处都能遇到真诚、勤劳、友善的中国人民。这些可爱的中国人民的故事，构建起他们脑海中可爱的中国。

　　中国地大物博、幅员辽阔。五千年的历史积淀着悠久绵长的文明精华，广袤的土地孕育着多姿多彩的地域文化。它们在历史的长河中历经沧桑、跌宕起伏，在民族融合和新时代发展中吐故纳新、熠熠生辉。这些地域文化凝聚着中华民族的精神、情感与智慧，构成了中华文化和而不同的多样化生态，也为中国故事提供了取之不尽的真实素材。

　　如今，世界经济正逐渐融合，文化交流随之亦趋于频繁。在文化交流的过程中，"讲故事"正成为中华文化走向全球的独特方式。精彩的故事既是国家形象的生动描写，也是吸引公众并使之信服的有效手段。语言是文化的载体，创新传播理念、通过讲故事的方式将中华优秀文化推介给世界，已成为国际中文教育的重要议题。为此，在教育部中外语言交流合作中心的大力支持下，集合国内外权威学者、以中国 34 个省级行政区为分卷主题的"故事里的中国"丛书编写由此展开。

本套丛书由教育部中外语言交流合作中心联合新航道国际教育集团共同策划，面向海内外青少年读者，旨在用讲故事的方式展现中国不同地域的文化与各地域古往今来的一些代表人物，为读者呈现一个鲜活立体的中国，满足新时代读者的阅读需求。

相较于其他故事类文化书籍，本套丛书具有以下特点。

第一，故事叙述力求创新。丛书在编撰上以小切口展现大图景，用小故事讲述真哲理，围绕"风物、习俗、艺术、人物、成就、精神"六大主题，呈现中国 34 个省级行政区的风貌，让读者在故事中领略中华文化的多姿多彩。

第二，由中、英、美三国专家联袂编写。丛书总策划之一胡敏教授（中国著名英语教育专家、新航道国际教育集团创始人）怀着传承、传播中华文化的强烈使命感，结合自己在教育领域 30 余年的探索经验，提出"用英语讲中国故事"的设想。在他的影响下，一大批熟谙中国文化的外籍专家加入丛书编写团队，如厦门大学美籍教授、CCTV 感动中国 2019 年度人物潘维廉博士，英国博雅教育专家斯明诚等。同时，丛书各地方主题分卷的中文主编均由权威的文化学者担任。在编写和出版过程中，丛书还得到诸多国际中文教育领域专家学者的悉心指导，收获了许多宝贵意见和建议。

第三，以中英文形式出版。丛书中文版编写完成后，由权威的翻译专家进行英文版翻译。每一篇英文翻译，都经过编写团队的反复打磨。值得一提的是，英文翻译从语言、思维、内容三个层面出发，充分考虑英语母语者的表达习惯和思维方式，力求用最地道的英文呈现中国文化概念。

第四，结合当代青少年的阅读需求，对丛书进行音频开发。丛书由专业的中文播音员和母语为英语的外籍播音员做中英双语配音，读者可选择不同语言版本跟随音频进行朗读。

这是一次匠心独具的中华文化传播实践，它用故事筑底，以历史为经、山河为纬，编织出一幅精彩纷呈、波澜壮阔的中国画卷；这是一次中西合璧的中国故事生动演绎，它以地域为界、人物为魂，演奏出一曲跨越古今、纵横南北的文化长歌。

期待本套丛书的出版能为向世界展现真实立体、全面生动的中国形象贡献力量，为"讲好中国故事"提供更为丰富的资源。

"故事里的中国"丛书编委会

2022 年 10 月

本卷前言

陕西是中华民族和中华文化的重要发祥地之一，浓缩着整个中华文明的伟大发展历程，留下了中华文明的众多精神标识。

陕西是一片神奇的土地，在这 20 多万平方千米的沃土上，中华民族的母亲河黄河贯穿其中，泽被天下；中华民族的祖脉秦岭横亘东西，和合南北。在这里，新石器时代的半坡遗址，记载了中国北方农耕文化的萌芽；在这里，周、秦、汉、唐的鼎盛辉煌，记录了中华文明的兴起、发展与成熟；在这里，中国故事的大幕徐徐拉开……

了解中国，从陕西开始。

一、中华文明的根脉

大约 115 万年前，亚洲北部最早的直立人——蓝田猿人，开启"人猿相揖别"的历程。他们在草木茂盛的秦岭脚下同野兽搏斗、采集果实、延续后代。

西安市灞桥区浐河东岸半坡，人们发现了占地 5 万平方米且保存较好的新石器时代聚落遗址。这是黄河流域规模最大、保存最完整的原始社会母系氏族村落遗迹，距今约 6000 年。驻足在精美的人面鱼纹彩绘陶器与精心磨制的骨针前，不禁感叹先民的智慧。即使几千年过去，我们依然还在使用他们发明的种种器物，他们依然和三秦儿女紧紧连在一起。

传说，中华民族的共同祖先华胥氏生活在这里，并生育了中国神话传说中"抟土造人"的女娲。女娲而后生少典，炎黄二帝便是少典的后裔。在大约 5000 年前，"生而神灵，弱而能言，幼而徇齐，长而敦敏，成而聪明"的黄帝作为部落首领，与炎帝部落一起战胜了蚩尤，组成了更庞大的华夏部落。这一壮举具有开天辟地的意义，此后华夏部落的后代都称自己为"炎黄子孙"。

相传，黄帝生子玄嚣，玄嚣的曾孙后稷是周人的始祖。后稷传十二代到古公亶父，他率族人迁至陕西岐山脚下丰饶的周原，定号为"周"。至周文王时，周国国力渐盛，迁都城于丰京（今陕西省西安市长安区）。文王死后，其子周武王在姜子牙等能臣武将的辅佐下，讨伐实行残暴统治的商纣王，灭商而建立西周。

周初，天下很不稳定，于是武王的弟弟周公制礼作乐，开启了中华文明文化治理、道德治理的礼制社会时期。从此，礼乐在中国人身上留下了深深的烙印。同时，为了加强社会治理，周公和召公决定分陕而治，以陕塬（今河南省三门峡市陕州区）为界，其西归召公治理，其东归周公治理。这样，历史上首次出现了"陕西"的名称。

此后，陕西上演了波澜壮阔的史诗。

传说周幽王"烽火戏诸侯"之后，中国历史进入到东周列国时期。此时，秦人崛起，自秦穆公至秦孝公，历代秦国君主都励精图治，广招贤才，开疆拓土，特别是秦孝公重用商鞅进行变法，使秦国逐渐强大，为后来秦统一六国奠定坚实基础。

秦始皇"奋六世之余烈"，用十年时间，分别灭韩、赵、魏、楚、燕、齐六国，在公元前221年结束了中国自春秋战国以来数百年诸侯割据纷争的局面，建立了中国历史上第一个中央集权国家——秦朝。

秦朝废分封制，行郡县制，统一文字、货币、度量衡，增强了中华民族的大一统意识。由此，秦汉之后的中国人始终认为中华一统是"天地之常经，古今之通谊"，无数仁人志士为之不懈追求、坚守奋斗。

经过秦末的混战之后，刘邦建立了汉朝。汉初休养生息，出现了文景之治。景帝之后，汉武帝通过独尊儒术、派张骞出使西域、北击匈奴等一系列举措，使汉朝进入包容、开放、繁荣的鼎盛时期。

此后，东汉、西晋、前赵、前秦、后秦、西魏、北周、隋朝都在陕西上演着朝代兴亡的辉煌和苍凉。

公元7世纪至9世纪的东方，唐朝的繁华让人们看到一个站在世界文明之巅的伟大国度。北宋史学家司马光言："三代（指夏商周）以还，中国之盛，未之有也。"大唐的首都长安（今陕西省西安市），这个当时拥有100多万人口的国际都市，云集着来自世界各地政界、商界、学界、宗教界、文化艺术界的人物。"九天阊阖开宫殿，万国衣冠拜冕旒"，煌煌大唐，开创了人类历史上前所未有的繁华鼎盛时代。

北宋之后，陕西仍是中国历史发展的重要区域。

时光来到近代。1935 年，毛泽东领导的中央红军经过二万五千里长征来到陕北，在此经过十三年的淬炼，孕育了延安精神这一中国共产党人的伟大革命精神。毛泽东等老一辈无产阶级革命家带领中国人民夺取了抗日战争、解放战争的胜利，最终缔造了中华人民共和国，实现了中华民族站起来的伟大历史使命。

陕西的历史何其悠久绵长，何其辉煌灿烂！它是中华民族的根脉所系、命脉所系。

二、中华文化的渊源

陕西渭河平原是炎黄时期中国农耕文化的发祥地之一。传说黄帝"时播百谷草木，淳化鸟兽虫蛾"，制衣冠、建舟车、制音律、创医学，其妻嫘祖发明了养蚕，其左史官仓颉创造了中华文化的标志之一 ——象形文字。

历经炎黄时期到西周的 1000 多年的孕育发展，中华文化进入初步成型期。后稷在"黎民始饥"时任农师，教民耕种与稼穑之术，使百姓摆脱了饥饿的困扰；公刘"务耕种，行地宜"，修水利、发展畜牧，使百姓过上了衣食无忧的生活；古公亶父"积德行义，国人皆戴之"；周文王勤奋节俭，极力推行德治，提倡"怀保小民"，奠定周人崇德的文化精神。

周人认为德的表现是"宜民宜人""皇天无亲，唯德是辅""天视自我民视，天听自我民听"，要敬天保民，将统治者的"明德""敬德"作为治国理政的根本。儒家元圣周公的德教思想、制礼作乐和德行实践，为中华传统文化的人本理念及道德化走向奠定了基础，也为孔子建立儒家学派奠定了根基。汉武帝用董仲舒"独尊儒术"的对策，兴建太学，设置《易经》《尚书》《诗经》《礼记》《春秋》五经博士。从此，儒家思想成为中华民族的道统。

当诸侯纷争、文明危机之时，老子骑青牛过函谷关，在关令尹喜的请求下，写出了影响中华文化乃至世界文化的《道德经》。在短短 5000 多字中，构筑了以"道"为核心的世界观，表现了对宇宙、社会与人自身的规律性认识与思考，开启了道家学派，同后来出现的道教一起，为中华文明起到根底性的支撑。汉初，黄老学派将"我无为而民自化，我好静而民自正，我无事而民自富"的道家社会治理思想进行了实践，文景之治带来了与民休养生息的福利，也为大汉走向辉煌打下了基础。

秦国通过商鞅变法，开启法家在中国统一进程中的实践之路。秦始皇任用李斯为相，最终统一六国，法家学说变成了此后中国传统社会的治国基础，法家思想也进入了中国人的集体潜意识。

汉代是中华史学的成熟之际，以"史圣"司马迁所著《史记》和班固所著《汉书》为代表。《史记》是纪传体史学的鼻祖，《汉书》则完善了纪传体史书的体例。尤为重要的是，《史记》的作者司马迁以受腐刑之躯秉笔直书，完成"史家之绝唱，无韵之离骚"的中华3000多年历史的撰写，铸就了"史圣精神"，让后世"立德、立功、立言"者，有了"留取丹心照汗青"的不朽追求。

佛教至东汉由印度传入。鸠摩罗什在公元5世纪初入长安，与弟子在草堂寺翻译佛经，这在中国佛教史上具有划时代意义。中国佛教发展至唐朝而臻于鼎盛，长安成为佛教人才汇聚、名著翻译、宗派创立、佛法广传、文化交流的中心。三论宗、唯识宗、华严宗、律宗、密宗、净土宗等六大宗派云集终南山下，玄奘、善导、法藏、道宣、吉藏、鉴真等大师都曾在此活动，大雁塔、法门寺、彬县大佛寺等著名佛教建筑均在此时建立。

北宋"横渠先生"张载以"为天地立心，为生民立命，为往圣继绝学，为万世开太平"为己任，其创立的"关学"成为儒家宋明理学主流之一。明清时期，以关中书院为儒家人才培养基地，关学逐渐成为陕西传承儒家思想文化的重要代表。

1937年，毛泽东在陕北的窑洞中写出了哲学名著《实践论》《矛盾论》。1938年9月，中共中央在延安召开六届六中全会，坚持马克思列宁主义和中国革命相结合的原则，首次提出马克思主义中国化的命题。在延安十三年，以毛泽东为领导核心的中国共产党人在精神上、文化上进行了中国共产党的理论建设、文化建设，开启了中国革命和建设的新征程。

陕西的文化何其悠长久远，何其敦朴厚重！它是中华文化的源头活水，也是文化自信的肇始之地。

三、中国精神的滥觞

相传，周文王被纣王囚于羑里时，将伏羲八卦演绎成六十四卦，三百八十四爻，遂作后来成为"六经之首"的《易经》。此后，中国人用《易经》来探索以及推演宇宙、社会、人生的变化原理。其中的"天行健，君子以自强不息""地势坤，君子以厚德载物"成为陕西人乃至中国人的精神底色。

在陕西这片热土上，自强不息、开拓进取是文明前行的不竭动力。炎黄在蛮荒之地开拓文明；周人居西岐而励精图治；秦囊括四海，并吞八荒；汉开拓疆土，经略四方；大唐平定乱世，复兴中华。延安时期，中国共产党自力更生、艰苦奋斗、开拓创新。而今，"一带一路"下的陕西同世界的联系，脱贫攻坚下老秦人的奋斗，大美西安留给世人的精彩，无不闪烁着自强不息、开拓前行的耀眼光彩。

在陕西这片热土上，厚德载物、包容发展是永恒的精神内核。黄帝"修德振兵"，开启德治华夏之先河。周人崇德守礼，以德孝治家、德礼治邑。在大唐长安，不同民族、文化、宗教，各种习俗、风尚、文艺，都能美美与共、包容共存。在祖先、先贤的教诲下，在筚路蓝缕的发展中，陕西人的生活时刻体现着关爱互助、扶危济困、团结向善、和谐包容的中华传统美德。

在陕西这片热土上，勤劳朴实、天人合一是循道贵生、赓续文明的法则。秦人尚生，是现实而本真的生存者，而坚守生存的第一要务是勤劳，所谓"民生在勤，勤则不匮""赖其力者生，不赖其力者不生"。因此对于勤劳，秦人有执着甚至固执的秉性。自古以来，秦人尊天达道、不违天时，在黄土地上辛勤劳作，知晓"民吾同胞，物吾与也"，敬畏天地自然规律，在俭朴纯真中快乐地生活。

陕西的精神何其纯真，何其光彩，它是中华民族精神的奠基之地、开启之地。悠悠华夏，绵延不绝，在陕西这块热土上，母亲河在，祖脉山在，人文初祖在，礼乐文明在，汉唐雄风在，丝绸之路在，道在，德在，人亦在……

走进新时代，在实现中华民族伟大复兴的中国梦进程中，组织编写《陕西：中华文明的肇始之地》有着特别的意义。陕西故事在悠悠的历史长河中还在诉说，陕西人民将与全国人民一道努力奋斗，推动构建人类命运共同体，共同创造人类的美好未来。

目录

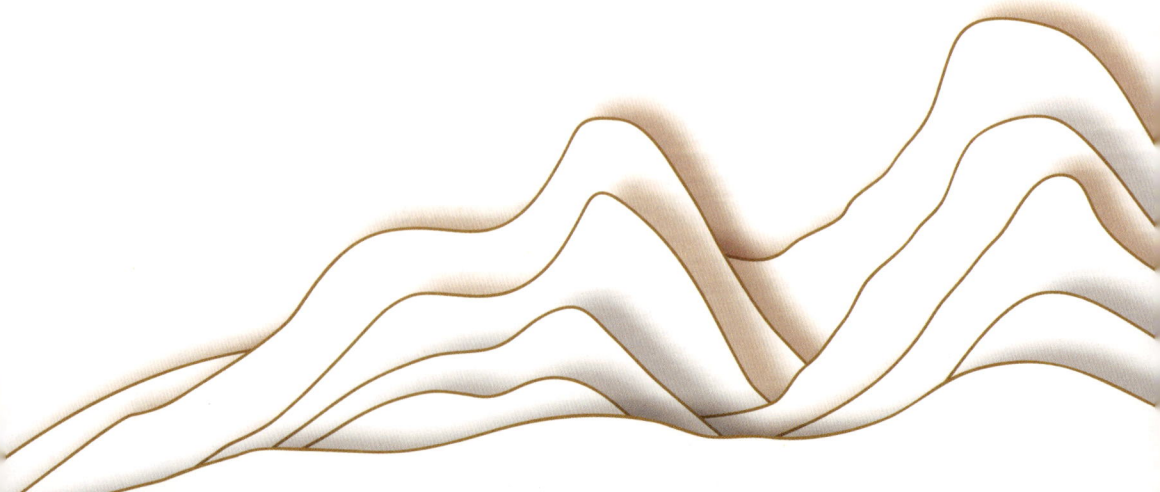

陕西·风物

导　言

陕西自古人杰地灵，是中华民族和中华文明的重要发祥地之一，周、秦、汉、唐等十三个朝代先后在此建都。

悠久的历史、灿烂的文明、深厚的文化底蕴和独特的地理位置，为这片土地留下了丰富的文物资源，造就了陕西这个天然的历史博物馆。

陕西的人文景观数不胜数。有中国同类建筑中存世规模最大、形制最完整的周公庙，有中国现存钟楼中形制最大、保存最完整的西安钟楼，更有号称"世界第八大奇迹"的秦始皇陵兵马俑。

陕西的历史文化天下闻名。北临渭河的五丈原是蜀汉名相诸葛亮的陨落之处，"出师未捷身先死"的故事引得无数后人扼腕叹息；大雁塔内收藏的佛教文物见证了唐代高僧玄奘不畏艰辛，通过丝绸之路将古印度佛教典籍传入中国的历史；关中书院始建于明代，享有"西北书院之冠"的美誉，在西北地区的人才培养、文化建设等方面贡献卓越。

陕西的自然景观极为丰富。有中国地理南北分界山脉——秦岭，有以奇险著称的西岳华山，有浪漫多彩的骊山，有奔腾咆哮的黄河壶口瀑布，更有中国革命的圣地——延安宝塔山。在秦岭以南，秀美的汉水横贯陕南东部，成为黄河流域与长江流域的交汇点和秦楚文化的融合地。

漫无边际的黄土高坡给予陕西粗犷雄浑的豪气，蜿蜒曲折的母亲河又赋予它生生不息的动力。阅读这些故事，了解地方风物，成为一名合格的"小导游"，你准备好了吗？

周公庙

千秋圣地颂德行

周公姓姬名旦，是周武王姬发的弟弟，因最初的封地在周原，所以被人们称为"周公"。

周公从小恭谨孝顺、忠厚仁爱，人品和能力都胜过其他兄弟。周文王姬昌驾崩后，周武王姬发继位。武王不仅有姜太公作为国师，还得到周公的辅佐。太公和周公是武王最为得力的助手，而且周公还是武王的同胞弟弟，因此国内大小事务，武王总是与周公商讨，周公也帮助武王处理了许多政务。

武王继位第一年，便与周公商讨灭商的事情，考虑怎样才能得到诸侯的配合与响应。武王担心推翻商朝的时机到来后会转瞬即逝，就像到了秋天，庄稼已经成熟，如果不去收获，颗粒会自动落地。周公回答说："决定性的因素在于德行。对周人来说，最重要的是要敬重天命，团结远近诸侯，不要失去与周人关系融洽的部族的支持。要继续修德明道，不要放纵享乐，否则会难以成功。"

武王继位第二年，又对周公说："我每天都在考虑灭商的方法，可不知怎样做才最好。"这一次，周公依然劝诫武王要先注重德行。

武王在周公的辅佐下，将德行放在治理的第一位。而商朝的纣王并没有认识到西方周国发展所带来的威胁，在他的统治下，国内政治一片混乱，民不聊生。

武王继位第九年，在孟津（今河南省洛阳市孟津区）举行了一场会盟。武王自称"太子发"，表示奉文王之命进行征伐，要求百官要虔诚谨慎，同时自己也会赏罚分明，从而更好地完成对商纣王的讨伐。

这次会盟就像是一次演习，检阅部队的同时熟悉地形和进军路线，有利于日后大军渡河北伐。并且，这次会盟有八百诸侯不期而至，这也使得武王更坚定了灭商的决心。

又过了两年，伐商时机成熟，武王统率战车三百辆，亲军三千人，士兵四万五千人，攻打商都朝歌（今河南省鹤壁市）。纣王发兵七十万抵挡，结果商朝军队因对纣王怨恨已久，也掉转矛头，参与到讨伐纣王的队伍当中。纣王见大势已去，便登上鹿台，自焚而死。第二天，武王宣布了纣王的罪状，也宣告了商朝的灭亡和周朝的开始。

武王灭掉商朝后，过了两年便去世了，他的儿子周成王姬诵继位。由于成王年幼，周公就代替成王处理政务，主持国家大权。但很快就有许多流言传出，说周公会对成王不利。周公对同为老臣的太公和召公说道："武王早逝，成王年幼，只是为了稳定周朝的统治我才这样做。"

周公当政期间，武王的另外三个弟弟——管叔、蔡叔、霍叔，勾结纣王之子武庚，同时联合东夷部族反叛周朝。周公奉成王的命令举兵东征，顺利地平定了叛乱。之后周公乘胜追击，灭掉了东方支持商朝的奄国等国家，从此周的国土延伸到海边，诸侯都归顺了周王朝。这次叛乱为周朝敲响了警钟。为了加强对东方的控制，周公建议成王把国都迁到更靠东边的成周洛邑（今河南省洛阳市），并派召公在洛邑驻兵，监视商朝的旧贵族。

周公执政七年后，成王已经长大，周公随即决定还政于成王。还政前，周公告诫成王，要明白"稼穑之艰难"，意思就是要吸取商朝灭亡的教训，懂得勤劳治国的道理。周公退位后，把精力投入到周朝礼乐制度的建设与完善中。

三年之后，周公得了重病。临终前，周公叮嘱道："一定要把我葬在成周，以表示我至死也不能离开成王。"周公死后，成王没有遵从周公的遗愿，而是将他埋葬于文王所葬的毕地（今陕西省咸阳市附近），以表示自己不敢将周公视作臣子。周公死后，电闪雷鸣，风雨交加，大树被吹得连根拔起，仿佛上天都对周公的离世表示悲痛。

国家危难之际，周公挺身而出，毅然担起王的重任；国家转危为安时，周公急流勇退，尽心尽力辅佐成王。这种无畏无私的精神，千年来被历代称颂。周公晚年生活在今陕西岐山一带，逝世后人们随即为他建祠祭祀，周公庙也由此而来。

■ 翟子豪

兵马俑

世界第八大奇迹

1974 年 3 月，西北地区春旱十分严重，庄稼没有足够的水源进行灌溉，于是陕西省西安市临潼区西杨村的村民们便决定打几口大机井。

在生产队长杨培彦的带领下，村民们来到村子西南边的一处土坡上。环顾四周后，队长在地上画了一个大圆圈，然后对村民们胸有成竹地说："这块地下面是地下水的必经之地，在这里打井将来一定不缺水！"

于是，村里的挖井队便出动了，数十个村民在队长画的大圆圈上开始挖井作业。一般来讲，挖井并不困难，但和往常不同的是，才挖到一米的深度，泥土就变得很硬，村民们的手都被震麻了。挖到三米深的时候，土地已经变得十分坚硬，不像是泥土而更像是石头，泥土也由上层的黄土变为红土。

就在这时，只听得"铛铛"两声，有个村民好像挖到什么硬东西。旁边的村民赶紧帮忙，把周围的红土清理掉，竟然发现了一个好像穿着铠甲的身躯。村民们都震惊了，急忙说道："这不是一个人的形状吗？快看看有没有胳膊和腿！"说着，他们继续往下挖，终于发现了这个人形陶俑的头，然后是胳膊和已经破碎的腿。人们在陶俑旁边发现了许多绿色的铜制箭头，在陶俑下面还看到了整齐的砖头。就这样，一天下来，在四米多深的坑中，村民们先后发现了三四个人形陶俑。

这引发了大家的各种猜想。有人说这可能是土地里的"泥神"，也有人说这应该是寺庙里的"瓦爷"。这件新鲜事很快在十里八乡传开，老百姓纷纷抱着好奇又敬畏的心态来到打井现场，想看看究竟是怎么一回事。

临潼文化馆在得知这一消息后，也立刻派人赶到现场进行保护和勘探。专家们从面部造型、制作工艺及地砖材质等方面认定这些人形陶俑应该是秦朝所制。随后在进一步的勘探和清理中，出土的人形陶俑越来越多，其分布范围也越来越广。随着考古挖掘的深入及相关新闻的报道，埋藏2000多年的兵马俑引起了世界的广泛关注。

这就是秦始皇兵马俑的发现过程，那么它们是如何被建造出来的呢？

2000多年前，一扫六合、统一中国的秦始皇嬴政十分重视自己的陵墓修建。他考察了许多地方后，最后看中了骊山脚下的这块风水宝地。

秦始皇任命李斯主持陵墓的规划设计，并征调全国的能工巧匠，烧制规模庞大的陶俑军队，不仅要有军士，还要有战马、战车、兵器，并要求必须按原物的真实大小进行制作。

陶俑身上还刻有制作工匠的名字，这是秦国当时的一项制度，即器物的制造者必须把自己的名字刻在上面，供管理者检查。这样可以杜绝以次充好的现象，提高生产效率和质量。

总之，工匠们齐心协力，经过辛苦的工作，终于烧制了无数陶俑，并按照秦始皇的要求，将其排成整齐的队形。这便是我们今天看到的兵马俑。

秦始皇兵马俑是中华文明史乃至人类文明史上的伟大奇迹。它不仅是中国古代能工巧匠工艺智慧的代表，更是中华文明源远流长、生生不息的象征，被视为 20 世纪考古史上的重大发现。1987 年，秦始皇陵和兵马俑坑被联合国教科文组织批准列入《世界遗产名录》，并被世人誉为"世界第八大奇迹"，无数中外游客纷纷慕名而来，兵马俑成为陕西的一张国际名片。

■ 翟子豪

五丈原

鞠躬尽瘁，死而后已

五丈原位于陕西省宝鸡市岐山县，南靠秦岭，北临渭河。三国时期，诸葛亮屯兵五丈原与司马懿对阵，后积劳成疾，病逝于此，令无数后人为之扼腕叹息，五丈原也由此闻名于世。

蜀汉建兴十二年（公元234年），当时中国正处在三国时期，蜀汉丞相诸葛亮再一次组织兵马，发动了第五次北伐。同时，他派使者前往东吴，希望孙权能同时发起进攻，使魏国两面受敌。

前几次出征，蜀军往往因粮草不足且供应困难而退兵。这一次诸葛亮吸取了这个教训，他设计"木牛流马"作为运粮工具，等大军到了渭河南岸的五丈原后，他又派士兵修建营地，并且直接在五丈原屯田，希望能在解决粮食问题后北伐成功。由于蜀军纪律严明，当地百姓和兵士相处得十分融洽。

魏国派司马懿率军来到渭河后，将领们打算在渭河北岸驻扎，司马懿则认为，渭河南岸百姓众多，是必争之地，因此引军过河，背水而守。吴国方面，诸葛亮的使者到达吴国后，孙权马上出兵进攻魏国，魏明帝亲率大军抵挡。很快，吴国那边传来消息，孙权的进攻失败了，魏国化解了两面包夹的态势。

诸葛亮很失望，他想跟魏军决战，但是司马懿始终稳守营垒，诸葛亮几次三番挑战都无功而返。就这样，双方在五丈原相持了一百多天。诸葛亮明白司马懿的心思，司马懿也在探听诸葛亮的情况。

古战场想象

　　有一次，诸葛亮派使者到魏营叫阵，司马懿在接待使者时问道："你们丞相公事一定很忙吧。不知他近来身体可好？胃口如何？"使者并没有多想，觉得司马懿问的是些客套话，也就老实回答说："军中大小事务都要劳烦丞相，而且丞相近来胃口不好，只吃很少的饭食。"

　　使者走了以后，司马懿便跟左右将领说："诸葛亮公务如此劳烦，身体又如此疲惫，不会支撑多久的。"不出司马懿所料，诸葛亮由于过度操劳，最终在军营里病倒了。

　　蜀汉后主刘禅听到诸葛亮生病的消息，大为惊恐，赶忙派大臣李福到五丈原前线探望。李福起初向诸葛亮询问了一些军国大事，就启程回去了。过了几天，李福又折返回来。诸葛亮抱着病体对李福说："我知道你回来的意思，前几天虽然谈了很多，但还是有所遗漏。现在我可以告诉你，我死之后，让蒋琬接替吧。"李福说："确实如丞相所言。那么蒋琬之后，可以由谁主持大局呢？"诸葛亮说："可以由费祎主持。"李福又问费祎之后的人选，诸葛亮便闭上眼睛不回答了。

诸葛亮知道自己时日不多，便开始安排后事。他让杨仪和费祎统领各军撤退，由魏延、姜维负责断后。不久，一代名相在五丈原军营中与世长辞。

按照诸葛亮生前的嘱咐，杨仪、姜维等人布置各路人马有序撤退。司马懿听闻诸葛亮去世的消息，率军追击，而姜维却命令部队回身鸣鼓，做出准备迎敌的态势，这让司马懿觉得诸葛亮诈死，最后没有选择进攻。于是蜀军从容退去，直到大军安全撤退才为诸葛亮发丧，而百姓将这件事称为"死诸葛走生仲达"。司马懿知道后也并没有生气，笑着说："我只能预料活人的事，预料不到死人的。"后来，他又亲自跑到蜀军原来扎营的地方，观察了诸葛亮布置的阵势，感叹道："诸葛亮真是天下奇才啊！"

诸葛亮，字孔明，号卧龙，三国时期蜀汉丞相，杰出的政治家、军事家、文学家。诸葛亮为了恢复汉室、统一中原的理想，一生五次北伐，后世为了纪念他，在五丈原修建了庙宇，还设立衣冠冢。在中国民间传说中，诸葛亮是智慧的化身，人们认为"鞠躬尽瘁，死而后已"是对他一生最好的诠释。

■ 翟子豪

大雁塔

玄奘西行

中国和印度同为世界文明发源地之一，有着悠久的交往历史，特别是唐朝高僧玄奘西行印度，带回众多佛教经典，建成了大雁塔，这段历史成为中印两国文化交往的重要见证。

玄奘本名陈祎，从小就对佛教产生了兴趣，13 岁的时候便在洛阳的寺庙出家。由于天资聪慧，经过几年学习，玄奘很快就掌握了佛学的理论知识。在学习过程中，玄奘发现佛教不同流派常常存在分歧，并且由于佛经原文是梵文，在辗转翻译的过程中难免出现错误，这使玄奘产生了去佛教发源地印度学习的想法。

但是，当时朝廷有严格的规定，不允许唐人私自出境，并且印度过于遥远，一路上要跨过茫茫雪山和荒无人烟的沙漠，即使朝廷允许，也可能在半路上遭遇不测。不过，虽然去印度求学困难重重，但玄奘的决心依然坚如磐石。

贞观初年，朝廷因关中饥荒，允许百姓自行求生，于是玄奘跟随逃荒的饥民一起离开长安城，之后便踏上了向西的路途。很快，玄奘离开长安的消息就被朝廷得知，通缉令也随之下发到边境城市。等到了凉州（今甘肃省武威市），玄奘被抓起来带到凉州都督李大亮那里。

李大亮勒令玄奘返回长安，但玄奘在被释放后并没有东归，而是继续向西行走，偷偷越过凉州，跟随商队一路西行。随后，玄奘历经千辛万苦，穿越一望无际的沙漠，翻越冰雪覆盖的高山，靠着自己坚定的意志，终于来到印度的佛教圣地——那烂陀寺。

在那烂陀寺，玄奘克服语言障碍，潜心钻研，并且虚心向寺中大师请教，对佛法的领悟也与日俱增，逐渐声名鹊起。印度戒日王听说玄奘后，便邀请他前来会面，并给予崇高的礼遇。在戒日王召开的曲女城法会上，玄奘作为论主，任人提问，但直到大会结束，也无一人能攻破玄奘的论点。玄奘因之名声大振，被尊为"解脱天"和"大乘天"。

在西域游历十七年后，玄奘终于回到了大唐。长安的百姓纷纷涌上街头，抢着一睹这位传奇高僧的风采，而后唐太宗也亲自接见了玄奘。

归来后，玄奘先在长安弘福寺建立译场，翻译佛经，而后移至大慈恩寺。永徽三年（公元652年），为了进一步保护从印度带回的经书、佛像、舍利等，在唐高宗的安排下，大慈恩寺内修建了一座仿印度形制的方形锥体

大雁塔

楼阁式砖塔，并命名为大雁塔。

大雁塔落成后，玄奘在此继续翻译佛经，先后译成经书共七十五部，一千三百三十五卷，其中主要有《般若经》《解深密经》《大菩萨藏经》等等。

大雁塔作为现存最早、规模最大的唐代四方楼阁式砖塔，是印度佛寺建筑形制融入中国文化的典型物证，也是凝聚中国人民智慧的标志性建筑。现存塔身七层，通高 64.5 米。塔内藏有《大唐三藏圣教序》碑、《大唐三藏圣教序记》碑、贝叶经等珍贵文物。

2014 年 6 月 22 日，大雁塔作为"丝绸之路：起始段和天山廊道的路网"中的一处遗产点在联合国教科文组织第 38 届世界遗产大会上申遗成功，被列入《世界遗产名录》之中。

■ 王牡丹

关中书院

传承关学

明神宗万历年间，朝廷内部党派林立，社会风气不正，身负监察御史职责的冯从吾看到朝政日益腐败，心忧如焚，深思后决定给皇上写一份奏折进言。

相传，万历二十年（公元1592年）的一天，恰逢慈圣皇太后大寿，整个皇宫张灯结彩，歌舞升平，宫里的大臣们都为慈圣皇太后准备了各种珍稀的寿礼，有漂亮的珍珠玛瑙、价值不菲的字画，还有寿字模样的珊瑚玉雕，皇太后看到大臣们送的贺礼非常开心。

轮到冯从吾进献的时候，皇帝问道："冯从吾，你给太后准备了什么贺礼呀，快拿出来给大家瞧瞧！"

冯从吾缓缓地从一侧走到大殿中央，除了双手举着的一份奏折，什么也没有。他慢慢地跪下，沉默不语。神宗问："爱卿呀，你到底准备进献什么宝物呢？"

冯从吾道："陛下，微臣没有准备寿礼，唯愿太后凤体安康，福寿延年！此外，微臣还写了一份奏折呈给陛下。"神宗皇帝和大臣们面面相觑，都在纳闷儿冯从吾葫芦里到底卖的是什么药。

神宗摆摆手，近侍将奏折呈上来。神宗摊开看完后，便大发雷霆，当即要在大殿之上杖责冯从吾。内阁大臣纷纷求情，冯从吾这才幸免于难。

原来，冯从吾在奏折里规劝神宗道："不要把天下变化当作不值得畏惧的事，不要把他人所说的话当作不值得忧虑的话，不要把眼前的太平安定当作可以凭借之势，更不要把未来的危险动乱当作可以忽视的事，这样的话，我大明的江山社稷就可以稳固了。"

虽然冯从吾在大殿上逃过一劫，但是他想，自己的主张在朝廷得不到重视，虽然暂时没有受到皇帝的惩罚，可万一哪天皇帝又因为这件事生气，自己可能还要受惩罚，不如干脆辞官回家吧。

辞官还乡后，他在关中进一步接触了宋代大儒张载的关学思想，投身办学育人之中。他一开始在宝庆寺办学，因为他知识渊博、治学严谨、学风端正，名声便随之越来越大，周边许多有识之士此时纷纷赶来听他讲学。

后来，地方狭小的宝庆寺已经无法容纳众多学子。于是，冯从吾打算创办一个书院，这样不仅可以容纳更多人听讲，还可以将关学思想更好、更广地发扬传播下去。于是他找到了西安知府，知府将宝庆寺以东的小悉园拨给冯从吾以建立书院。

自此，历史上著名的关中书院在冯从吾的主持下诞生了。明熹宗朱由校继位后，再度授予冯从吾大理寺少卿、左副都御史等官职。

关中书院

此时，以魏忠贤为首的宦官集团权倾朝野，想方设法地拉拢冯从吾，但冯从吾不屑与其交往。后来，由于朝中奸佞当道，冯从吾就主动上书皇帝，辞官回到关中书院讲学。

在冯从吾的努力下，关中书院发展成为具有相当规模的著名学府，先后培养了五千多人。关学经世致用的思想得到广泛传播，对学术理论和社会风气产生了重要影响。冯从吾也因此声名大震，被人们尊称为"关西夫子"。

天启六年（公元 1626 年），魏忠贤的党羽王绍徽指使陕西巡抚乔应甲暗害冯从吾，乘机派人捣毁关中书院，并将中天阁内供奉的孔子塑像拖着扔在郊外。冯从吾见自己呕心沥血经营多年的书院毁于一旦，不由得万念俱灰，悲愤成疾，在第二年便去世了。

冯从吾大半生是在关中书院讲学度过的。他去世后，天下学者深为痛悼。因冯从吾号少墟，儒者们便集资在西安西门外修建了少墟书院，接续关中书院的办学传统，并在此为他建祠、立碑、造像，以示敬仰，刊印文集以示纪念。

关中书院承载着"传承文化，教书育人"的使命，培养了大批经世济民、心怀天下的学子，发挥了重要的历史作用。虽然随着时代变迁，关中书院逐渐淡出了历史舞台，但其坚守崇尚的关学精神，对后世陕西乃至西北地区的学术影响极其深远。

■ 王牡丹

秦岭

一座秦岭山，半部中国史

打开中国地图，可以发现在中国辽阔的版图上，有一条巍峨的山脉横亘在中部，东西绵延千里，这便是被称为"中华民族祖脉"的秦岭。

"一座秦岭山，半部中国史。"秦岭不仅是地理意义上的坐标，也是中国文化的丰碑。浩浩荡荡五千年的中国历史，闪过无数刀光剑影、金戈铁马，其中"明修栈道，暗度陈仓"的故事就发生在这里。

秦朝末年，老百姓的生活苦不堪言，一直生活在水深火热之中的农民为了反抗秦朝暴虐的统治，纷纷揭竿而起。

在众多起义军中有两支著名的队伍，一支是刘邦率领的队伍，另外一支是项羽率领的队伍。两支队伍奋勇争先，并约定"先入咸阳（今陕西省咸阳市）者为王"。公元前206年，刘邦攻破武关，进入咸阳，秦朝灭亡。由于项羽的实力远远超过刘邦，刘邦抢先进入关中并不让其他诸侯入内的做法引起了项羽的不满。于是，在进驻距咸阳不远的鸿门（今陕西省西安市临潼区东部）时，项羽听从谋士范增的建议，决定举办一场宴会，趁机杀掉刘邦。

在宴会上，刘邦带人亲自给项羽谢罪，解释他根本不想称王，派兵据关而守是为了等候项羽的到来。项羽听后大为开心，哪还记得要杀掉刘邦的事。范增多次暗示项羽，并让武士项庄表演舞剑，伺机杀掉刘邦，但因项伯与刘邦手下猛将樊哙的保护，刘邦最终得以逃脱。

　　此后在分封诸侯的过程中，项羽认为汉中地区偏僻闭塞，与关中有秦岭天险相隔，带领兵马翻越秦岭是一件很困难的事情，就放心地分封刘邦为汉王。刘邦也明白项羽的心思，但由于项羽当时强大的势力，只能默默服从。

　　刘邦在从关中抵达汉中的过程中，军中的谋士张良对刘邦说："大王，我知道你心有不甘，我有一条妙计可以帮助你以后打败项羽夺得天下！"

　　刘邦听后喜出望外地说："什么建议？你快说给我听听。"

　　张良说："大王应该下令把从汉中经秦岭去往关中的褒斜道全部烧毁。"

　　刘邦疑惑地说道："你到底是想帮我还是想害我呢？褒斜道是从汉中到关中的必经之路，烧掉以后我怎么翻越秦岭进攻项羽呢？"

　　张良说："大王烧掉褒斜道，可以让项羽以为您丧失了进攻关中的道

秦岭

路，从而对我们放松警惕，给我们休养生息的时间。其实，烧掉褒斜道，也断绝了项羽南下进攻我们的道路，可以说是一举两得啊！"刘邦听后十分高兴，下令烧毁了褒斜道。项羽一听刘邦烧毁了褒斜道，果然放松了对刘邦的戒备。

四个月后，大将军韩信对刘邦说："大王，我们进攻项羽的时机到了。"刘邦不解地问道："进攻项羽要翻越天险秦岭，但是通往秦岭的褒斜道已经被我们烧掉了。如果要重新修栈道，也需要很久的时间啊！"

韩信说："大王，我们可以假装派一支部队去秦岭修栈道，另外派我们的精锐部队悄悄绕道陈仓（今陕西省宝鸡市陈仓区），出其不意地进攻秦地。"

刘邦大喜，于是听从韩信的建议，派人假装去修秦岭的栈道以迷惑项羽。

项羽听说刘邦在秦岭修栈道，便放松了警惕。实际上，刘邦"明修栈道，暗度陈仓"，悄悄调集手下的精锐兵马，如神兵天降地攻克陈仓。

此后，刘邦一路猛进，打败项羽，平定天下，建立了延续四百多年的汉朝。刘邦"明修栈道，暗度陈仓"的故事成为后世兵家学习的经典战例。

秦岭是中国的地理南北分界线与中央水塔。自古以来，和合南北、泽被天下的秦岭就以丰富的资源、雄奇险峻的特征而为世人所称赞，也被视为中华民族的祖脉和中华文化的重要象征。

■ 王牡丹

骊山

烽火戏诸侯

骊山位于陕西省西安市临潼区南部，是秦岭山脉的支脉。《古迹志》认为，骊山崇峻不如太华，绵亘不如终南，幽异不如太白，奇险不如龙门，然而周、秦、汉、唐以来，仍多为帝王游幸的离宫别馆，绣岭温汤也皆成佳境。可见，骊山是一座见证中国历史的文化名山。

骊山的著名景点是烽火台，传说中周幽王在这里留下过一段人所熟知的故事。

周幽王是西周末年的国君，他宠爱一个叫褒姒的妃子。褒姒虽然很美，但她进宫以来总是皱着眉头，周幽王想了很多办法，都没有如愿博得褒姒一笑。他为此苦恼不已，寝食难安。百思之下，周幽王下达了一道旨意——谁能让王妃笑一次，就赏他千两黄金。

旨意发出后，无数人蜂拥而上，为了拿到赏金，想尽各种办法，但是依然不能博得褒姒一笑。这时，有个叫虢石父的佞臣，将这一切都看在眼里，于是大胆提议用烽火台一试。

烽火台是中国古代国家的警报设施，当国家遭遇敌寇侵犯时，点燃烽火台，燃起狼烟，就意味着出现紧急情况。因此，只有在外敌入侵，需要召唤诸侯来救援时才能点燃。

西周时期，为了防备犬戎的侵扰，在镐京（今陕西省西安市长安区）附近修筑了二十多座烽火台，每隔几里地就是一座。一旦犬戎入侵，首先

烽火戏诸侯

发现的哨兵就立刻点燃烽火，临近的烽火台也相继点火，向附近的诸侯国报警。诸侯见了烽火就知道天子有难，镐京告急，必须立即起兵前去救驾。

　　虢石父献计周幽王，打算点燃烽火台，引诸侯前来白跑一趟，以此逗褒姒一笑。

昏庸的周幽王采纳了这个建议，带着褒姒，在虢石父的陪同下登上骊山烽火台，命令守卫士兵点燃烽火，一时间狼烟四起，火光冲天。

没过多久，茫茫大地上出现了一支支飞奔的队伍，从四面八方向骊山赶来。当诸侯率兵抵达镐京城下，却见周幽王与褒姒安然无恙，并没有看见一个敌人。周幽王对赶来的诸侯说："辛苦大家了，这里没什么事，不过是寡人和王妃点火取乐。"

褒姒看到狼狈的诸侯和满头大汗的士兵，觉得很有意思，扑哧一声笑了出来。那一刻，周幽王仿佛拨云见日，笑着说道："爱妃一笑，百媚俱生，此虢石父之力也。"立即赏赐虢石父千两黄金。

可怜那些诸侯奔忙一场，又不敢有怨言，只得带兵而归。周幽王为此数次点燃烽火，戏弄诸侯，诸侯也渐渐地不再来了。

时隔不久，周幽王和褒姒又在饮酒作乐。突然有人来报："不好了，犬戎真的打过来了！"周幽王非常惊慌，连忙说："快点烽火！"

但是，诸侯们看到烽火，以为周幽王又在开玩笑，再也不派一兵一马前来。镐京的兵马不多，勉强抵挡一阵，最终被犬戎打得落花流水。周幽王逃到骊山脚下，为追兵所杀，褒姒也被犬戎掳走，西周灭亡。从此，"烽火戏诸侯"成为后世警醒、规劝统治者的典故。

骊山承载着中华民族的成长记忆，见证着中华民族前进的历史，是一座浪漫之山、传奇之山。中华民族源远流长、生生不息的历史文化潜藏在骊山的环抱中，那些残存的遗址仍在讲述着说不完的故事、道不尽的沧桑。

■ 陈娜燕

华山

奇险天下第一山

华山古称"西岳"，又名"太华山"，是中国的五岳名山之一，位于陕西省渭南市华阴市，南接秦岭，北瞰黄河，自古以来就有"奇险天下第一山"之誉。古代很多君王都曾在华山的西岳庙中举行过祭祀大典。唐代道教兴盛，高险难攀的西岳华山被道士们视为"天真降临之地，神仙聚会之所""大帝之别宫，神仙之窟宅"，成为理想的修行之地。

韩愈，字退之，是唐朝杰出的文学家。相传，他曾在游览华山时发生了一则有趣的故事。

唐宪宗元和年间，韩愈因反对宪宗迎奉佛骨而被贬为潮州刺史。赴任途中行至秦岭，恰巧遇到了侄子韩湘子，在韩湘子和道士吕洞宾的邀请下，前往华山游玩，以缓解心中不快。登山途中，凭借韩湘子和吕洞宾的帮助，韩愈很快便到达玉女峰。

韩愈站在峰顶上，放眼望去，只见华山云雾缥缈、层峦叠嶂、苍松林立、百鸟鸣丛，如同仙境一般。漫步山上，翠木与云海交相辉映，蜿蜒的小路通向幽静之处。置身于此，仿佛能忘却尘世一切烦恼。接着，他又兴致勃勃地登上华山南峰绝顶的仰天池，去到南峰的东侧的南天门。随后又走遍了东峰，领略了号称关中八景之首的"华岳仙掌"。

下金锁关，过五云峰，便是苍龙岭，从此处往下一看，天际茫茫，漫天云雾，两边绝壑千尺、深不见底。韩湘子等人此前已经先行离去，韩愈

华山

只能独自下山，但见此情形也不免目瞪口呆，顿觉进退两难。

为了减轻负重、顺利下山，韩愈把随身携带的书统统扔下山谷，但还是不能前行半步。

过了许久，韩愈终于想到一个办法，他从行李中拿出随身携带的笔墨纸砚，写了一封求救信，扔到山下。华山的一位采药人恰巧捡到这封信并把此事报告了华阴县令，县令听后立即派人去将韩愈救下。从此以后，苍龙岭上就有了"韩退之投书处"的古迹。后来，韩愈写下《答张彻》一诗，在赞美华山雄伟的同时告诫友人，不要只顾攀登而不知危险，以免遇到进退两难的尴尬。

  "苍龙岭韩愈投书"的故事，生动反映了华山的奇伟险峻，为华山游玩增添了许多乐趣和遐想，也告诉了我们一个道理，那就是在日常学习、生活中，不仅要有敢于攀登高峰、迎难而上的勇气，也要有积极开拓思路、寻求问题解决办法的智慧，这样才能更好地面对人生路上的艰难险阻。

               ■ 陈娜燕

壶口瀑布

黄河大合唱

壶口瀑布是中国第二大瀑布，也是世界上最大的黄色瀑布，横跨陕西、山西两省。夏季，壶口瀑布气势恢宏，西边浊浪翻滚，东边白浪滔滔；冬季，水面全部冰冻，流凌、冰挂景观出现，又能结出罕见的巨大冰瀑，场面蔚为壮观。

提起壶口瀑布，就不得不提到一首脍炙人口、慷慨激昂的歌曲——《黄河大合唱》。这首以黄河为背景而创作的歌曲，激励了无数中国人，而它

的诞生，同样是一段光辉的故事。

卢沟桥事变爆发后，作曲家冼星海加入上海救亡演剧二队，辗转各地进行抗日宣传。1938 年 9 月，冼星海接受延安鲁迅艺术学院的任教邀请，奔赴延安。

与此同时，诗人光未然带领抗敌演剧三队，从陕西宜川县壶口附近东渡黄河，转入山西吕梁山抗日根据地。经过壶口瀑布时，他看到波涛汹涌、浩浩荡荡的黄河，又看到黄河上喊着悠长高亢、深沉有力的号子，与激流、狂风搏斗的船夫们，颇受震撼。

1939 年 1 月，光未然在转移根据地的路上受伤，被送往延安边区医院治疗。刚到延安，已在鲁迅艺术学院任教的冼星海就来到医院看望这位老

壶口瀑布

朋友。见面后，冼星海提议创作一首大合唱作品，为抗日军民鼓舞士气。光未然听后，行军路上渡过黄河的一幕幕情形又浮现在眼前，于是当即答应。随后，光未然在病床上，通过连续五天的口述，创作了《黄河大合唱》歌词。

3月11日，延安西北旅社的窑洞里，举行了《黄河大合唱》歌词朗诵会。光未然亲自上阵，这位年轻而富有理想的诗人，用低沉而又饱含激情的声音一气呵成，感染了在场的每一个人。朗诵结束后，顷刻间掌声雷动。冼星海起初一直坐在门边的椅子上静静欣赏，此时也按捺不住内心的兴奋，站起身来，大步上前，激动地说："我有把握把它谱写好！"

冼星海拿着歌词回到窑洞，情绪久久不能平复。他想起自己的童年，由于祖父和父亲都是水手，冼星海从小就听惯了水手们在无边无涯的海面上唱歌，那歌声是辽阔奔放的，充满了劳动者对祖国山川江河的深厚感情。珠江和黄河，虽迢迢千里，但它们的歌声在精神上是多么相近啊！之后，通过连续六天呕心沥血的创作，冼星海完成了《黄河大合唱》的谱曲。

4月13日，《黄河大合唱》在陕北公学大礼堂迎来了首演，表演的乐手来自抗敌演剧三队和鲁迅艺术学院音乐系乐队，作曲人冼星海担任指挥，作词人光未然上台朗诵。演出大获成功，观众达上千人，轰动延安城。

5月11日，毛泽东主席和其他党中央领导人一同观看了《黄河大合唱》演出。演出结束后，冼星海作为指挥带领全场演员和观众一起高唱其中第七乐章——《保卫黄河》，"保卫黄河"的震天怒吼响彻礼堂，经久不绝！谢幕之后，毛主席特意单独接见了冼星海，还特地赠送他一支派克钢笔与一瓶派克墨水，勉励他要不断为人民创作优秀文艺作品。

■ 翟子豪

宝塔山

中国革命圣地

宝塔山，位于延安市区中心，海拔 1135.5 米，是周围群山之冠。宝塔山上的延安宝塔，是中国革命的重要标志。宝塔山旁边有一口明代铸造的铁钟，钟声宏亮，余音久绕，中共中央在延安时，经常用它来报时和报警。

如有机会去宝塔山参观，你会听到讲解员这样一段介绍："宝塔山，在中国的地图上只不过是一个小小的点，但是在中国历史长河中，它是那段火红岁月的历史见证者。"

1935 年 10 月，中央红军经过二万五千里长征，顺利到达陕北。1937 年 1 月，中共中央进驻延安，宝塔山从此与中国革命联系了起来，成为引领中国革命走向胜利的"航标灯"。

抗战时期，一群热血青年在日记中写过这样一段话："打断骨头连着筋，扒掉皮肉还有心。只要还有一口气，爬也要爬到延安城。"当时，延安经常遭遇日军的轰炸，但他们无所畏惧。为了寻求救国的真理，他们在宝塔山脚下汇合；为了夺取最后的胜利，他们又毅然从宝塔山脚下出发。

当时，宝塔山经常出现在诗人笔下，寄托着对中国美好未来的希望。如诗人莫耶在《延安颂》中写道："夕阳照耀着山头的塔影，月色映照着河边的流萤。"诗人严辰也在《塔》中写道："塔，以雄伟骄傲的姿态，屹立在高原上，屹立在群峰环绕的那座耸起的山顶上。"

终于，1945 年 8 月 15 日，日本宣布无条件投降，中华民族取得了抗

宝塔山

日战争的伟大胜利。这一天，延安机关干部与群众秧歌队、腰鼓队纷纷走上街头，尽情地欢呼、歌唱，盛大的火炬游行照亮了巍巍宝塔山。

此后，宝塔山又见证了中国共产党走向新胜利的辉煌历史。后来，人们依然怀念宝塔，怀念延安岁月，歌颂延安精神。如中国当代著名诗人贺敬之就怀着赤子之心写下《回延安》一诗："几回回梦里回延安，双手搂定宝塔山。千声万声呼唤你——母亲延安就在这里！"凝聚着人们对延安的崇敬和对宝塔山的仰慕。

宝塔山下，毛泽东等老一辈革命家在这里度过了十三个春秋的峥嵘岁月，领导了抗日战争和解放战争，培育了延安精神，这座古塔也因此成为延安的标志和革命圣地的象征。如今，它仍像灯塔一样，鼓舞着无数爱国青年，使人从延安精神中汲取奋进的力量。

■ 陈娜燕

钟楼

钟楼镇鳌鱼

明朝定都南京（今江苏省南京市）后，明太祖朱元璋一度有过迁都的想法。其中有些大臣建议迁都西安，因为西安地势险固，易守难攻，而且具有承接汉唐盛世的意义。这个提议让朱元璋十分重视，于是派太子朱标前往西安考察。

朱标从陕西回到南京后，给朱元璋呈献了陕西地图，并详细介绍了西安的地理优势，表示赞同大臣的建议。没想到，不久后朱标英年早逝，年迈的朱元璋沉浸在晚年丧子的悲痛中，迁都西安的事情也就此作罢。

不过，朱标在考察期间，将西安钟楼按皇家级别建成。西安虽然最终没有成为明朝的国都，但却留下了一座雄伟辉煌的皇家建筑。

明万历十年（公元 1582 年），由于西安的城市扩建，原来作为城市中心的钟楼也整体东迁到新的中心位置，即东、南、西、北四条大街的交汇处。

关于钟楼的此次搬迁，民间有一段"钟楼镇鳌鱼"的传说故事。

传说万历年间，西安周围发生地震，伤亡甚重，民众非常恐慌，纷纷向官府求救。西安知府对此也束手无策，便请来迎祥观的道士高承之商议。

高承之是西安有名的老道士，他告诉知府，想要消除地震，需将钟楼东迁半里。因为很久以前，这里是一片汪洋大海，终南山的高峰也只不过是零星的小岛。当"天倾西北，地陷东南"时，海水向东流去，这里才成

了平原。但是，这里有一条活了上千年的大鳌鱼不愿意离开，就用嘴凿了一条大川，并把自己藏在里面。后来地裂山崩，这条大川成了地下河。每年3月15日，鳌鱼就游到离地面很近的大川口，地震由此而来。

知府问高承之："你知道大川口在什么地方吗？"高承之起身，拉开窗帷，指着东边说："就在离钟楼半里的那个十字街口。"知府立即命令全城铁匠赶制出一条大铁链，并召集工匠，准备降服鳌鱼后将钟楼搬迁到大川口上。

等到3月15日，知府和高承之来到十字街口，命令士兵用镢头刨开地面，果然发现下面有一口深井，还能听到哗啦啦的流水声。

随后，一股水柱从深井中喷出，直冲天空，鳌鱼将头伸出井外，张着大口，呼呼地喘着粗气。高承之拿宝剑抵住鳌鱼的头，命令士兵用铁链把鳌鱼锁住，然后将其沉入井底。

钟楼

知府又命人铸起大铁圈,紧紧围住井口,并派人夜以继日地搬迁钟楼。完成以后,钟楼巍然屹立,鳌鱼也终于被镇压在钟楼下,再不能兴风作浪了。

事实上,钟楼的东迁其实与西安城市发展的东移直接相关。

钟楼一层的西墙上,有万历年间曾任陕西监察御史的龚懋贤撰写的《钟楼东迁歌并序刻石》碑文,记述了钟楼整体迁移的过程。根据碑文记载,在龚懋贤的主持下,咸宁(今陕西省西安市长安区境内)、长安(今陕西省西安市长安区)两县的知县奉命将钟楼东迁到现址。

迁移工程除了重新建造了基座外,木质结构的楼梯都是原样原件。如此巨大建筑的拆迁装建,既需要高超的建筑技术,也需要严密精细的工程组织。这在建筑史上,对于 16 世纪的中国来说可谓是值得自豪的创举。

西安钟楼是中国现存同类建筑中规模最大、年代最久、保存最完好的古建筑,无论是历史价值还是艺术价值,都居中国同类建筑之首。作为西安的地标性建筑,它现在依然屹立于西安市中心,向世人展示着中国人的勤劳和智慧,也向世界诉说着中华文明的悠久和伟大。

■ 陈娜燕

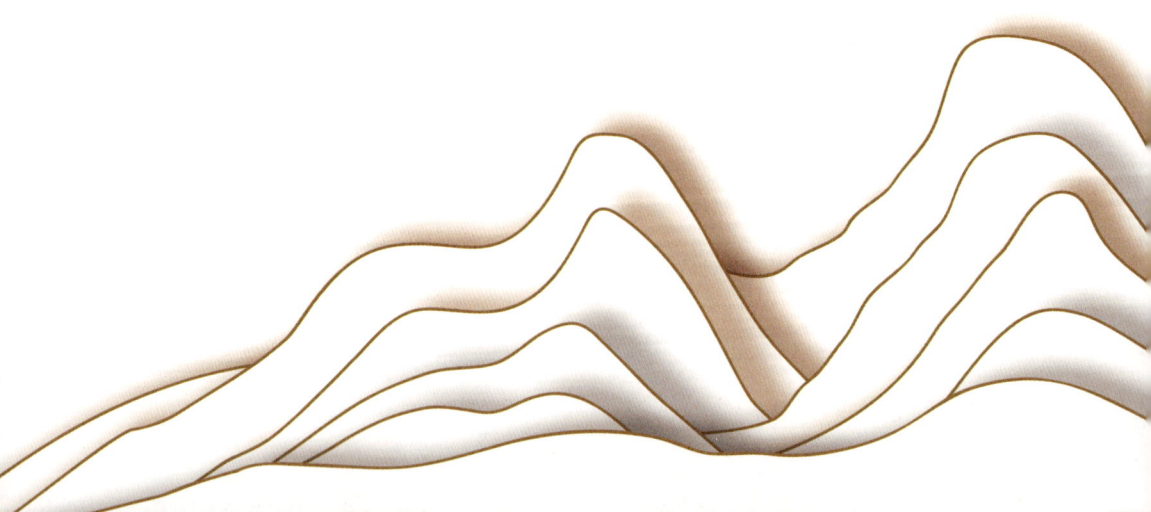

陕西·习俗

导 言

汉代史学家班固曾说过："百里不同风，千里不同俗。"中国自古以来就有重视风俗的传统，"为政必先究风俗""观风俗，知得失"是古人总结出的经验和智慧。

在陕西这片土地上，由于地理环境、经济发展、历史传承等因素的影响，陕西人逐渐形成了别具风格的生活方式，造就了丰富而有特色的三秦文化。那么，你了解陕西的风俗吗？你是否有听说过这样一句俗语——陕西十大怪，不知算白来。

"十大怪"指的是过去多存在于陕西关中一带的十种独特民俗，这些民俗有的在今天已经不多见了，有的还存在于陕西人的日常生活中，成为历史"活化石"。

第一怪是"面条像裤带"。陕西特色 biang biang 面，具有厚、宽、长的特点，深受陕西人喜爱，更有人说："每天一碗面，吃了才舒坦。"

第二怪是"锅盔像锅盖"。陕西人习惯用直径七八十厘米的大锅烙锅盔，烙好的锅盔宽大厚重，自古以来就是陕西人远途跋涉时不可缺少的干粮。

第三怪是"辣子一道菜"。辣子是陕西餐桌的灵魂所在，即使在以吃辣闻名的四川、湖南等地面前，陕西也能一较高下。吃饭时陕西人通常会来上一勺油泼辣子，食物的香味顿时扑面而来，这是真正的陕西味道。

此外，"十大怪"还有"泡馍大碗卖、碗盆难分开、帕帕头上戴、房子半边盖、姑娘不对外、不坐蹲起来、唱戏吼起来"，每一怪背后都蕴藏着属于陕西人的历史记忆。

现在，就让我们一起走近"十大怪"，从故事中了解陕西风俗吧。

面条像裤带

奇字奇面

据说古时有位穷秀才，寒窗苦读十几年，博览群书，下笔成章。然而他连着两次赶考，都名落孙山，不由得有些心灰意冷，但想到家中父亲早年患病去世，老母不辞辛苦供他读书，心中还是有所不甘。

这一年，又到了赶考的日子。秀才早早起床，拿着准备好的盘缠，和母亲告别后就出了门。

秀才一路上舟车劳顿，到咸阳城时盘缠已经花得一干二净。刚进城，饥肠辘辘的秀才就远远听到"biang biang"的声音，一声接着一声。

秀才走近一看，只见在一个简陋的饭馆里，一个加长的案板上摆着一排码得整整齐齐的长条面剂子，旁边架着一口大铁锅，锅里正烧着沸腾的开水，咕噜咕噜地冒着热气。

店家是一位老汉，虽两鬓斑白，但声音洪亮、手脚利索，一边揪住面剂子的两头在案板上使劲地摔打，一边吆喝着，很是风光。

在拉、扯、摔、绊之间，面剂子变得又宽又长，像裤带一样，从老汉的手中飞向空中，又扭转着拉扯回来，在案板上"biang biang"几下，然后准确地落在翻滚冒气的大铁锅里。面条在开水中不断翻滚，老汉加一瓢凉水，白色的面立即发亮透明起来。

老汉随手从旁边的竹筐中抓起一把早已洗好的青菜撒入锅中，片刻过后，拿起筷子捞面条和青菜出锅，放在已有少许汤汁的大碗中。出锅的面滑香如润玉，白皙似凝脂，老汉将少许葱花、辣子、蒜末等佐料放入碗中，将一勺烧开的热油"刺啦"一声泼在面上，香味随之扑鼻而来。

这一碗色香味俱佳的面，让秀才看得入神，不假思索地向店家大声道："给我来一碗！"

不一会儿，老汉盛好一碗面端给秀才，嘴里招呼着说："面条像裤带，半截在碗，半截在肚子！"早已饿坏了的秀才此时哪还听得见老汉说什么，还未等老汉转身，三下五除二地将一碗面全部吃进肚子，就连面汤也喝个精光。

秀才看着摆在面前的空碗，一摸口袋准备结账，但口袋比眼前的碗还干净，这时他才反应过来，自己早已身无分文。秀才顿时窘住，只好尴尬地笑着问道："店家，请问你这面叫什么名字？"

老汉回答道："客官，此面名为 biang biang 面。"

秀才疑惑道："biang biang 面？ biang biang 怎么写？"

老汉一时愣住，说道："我卖了十来年的面，一直以来都是我做面，客人吃面。'biang biang'几声，面就下锅了。时间久了，大家都不约而同地叫它 biang biang 面了，但是谁也没想过 biang biang 怎么写。"

秀才略一沉思，随即向店家要来笔墨纸砚，向老汉说道："店家，我今日若写出 biang biang 二字，可否抵刚才的面钱？"

老汉的面店其实早想挂个招牌，但苦于写不出这面的名字，见秀才这样说，便正好答应了他的请求。

只见秀才思考片刻，挥起笔墨，一边写一边歌道："一点飞上天，黄河两边弯，八字大张口，言字往里走。左一扭，右一扭，西一长，东一长，

biang biang 面

中间加个马大王。心字底，月字旁，留个挂钩挂麻糖，推了车车走咸阳。"就这样，biang biang 二字一气呵成。

老汉和店里的食客仔细凝视，这字虽然笔画繁多，字形复杂，但非常形象，不禁拍手叫绝。老汉信守承诺，免了秀才的饭钱。秀才临走时，老汉还给了秀才几两盘缠，让其继续赶考。从此以后，biang biang 面的名声便传播开来，成为家喻户晓的美食。

biang biang 面千年流传，保存着陕西人的文化记忆。奇字奇面，奇碗奇吃，种种奇特之中，传承的是陕西独特的民风民俗，承载着的是陕西人质朴厚道、豪迈粗犷、泼辣爽快、知足常乐的生活态度。

■ 龙霞

锅盔像锅盖

千古"战饭"

在陕西民间，人们爱吃一种叫作"锅盔"的大饼。锅盔传统的制作方法是：取适量面粉，加水揉成面团，加入盐和五香粉后反复揉搓，直至呈表皮光亮的圆胚状。之后取一块干净湿润的白布盖严面团，醒起后将其擀成直径五六十厘米的圆形面胚，再撒上芝麻，就可以上锅烙了。

烙饼时须先用麦草烧出的文火一点点烤热老锅，在锅底擦些许油后，将面胚放在锅中，一边用手轻压，一边慢慢转动，然后把面胚翻过来，用锥子扎些孔用于透气，用文火烙四十多分钟就可以出锅了。

做好的大饼形似锅底，大如锅盖，皮薄瓤厚，色泽黄白，口感极佳。文火使面胚里的水分得以充分蒸发，因此大饼十天半个月都不会坏。古时候士兵们外出打仗时就将大饼用麻布包好，背在身上当作干粮。

关于锅盔的由来，民间流传着这样一个故事。

相传商朝末年，商纣王昏庸无道，国内发生了激烈的内乱。纣王的哥哥微子启屡次规劝纣王，惹得纣王极为不满。无奈之下，微子启只能审时度势，逃离朝歌，隐居起来。纣王的叔父箕子也是个有见识和才能的人，他看到天下的形势，也来规劝纣王。纣王一怒之下将箕子关进监狱，箕子只好装疯卖傻，才幸免于死。

商朝不得人心、岌岌可危之时，周武王姬发看准时机，亲自率兵讨伐纣王。商都朝歌路途遥远，士兵们除了携带盔甲、兵器之外，还带着很多周

锅盔

文王发明的锅盔，方便行军路上充饥，这也大大缓解了军队后勤保障的难题。

于是，伐纣大军很快到了牧野（今河南省新乡市附近），周武王向全体诸侯和将士发出号召，痛斥纣王昏庸无道、荒废国政、残害忠良、虐待百姓，鼓舞将士们团结起来，拿起武器，一齐推翻商朝的统治。

商军的主力均在外远攻东夷，临时拼凑的士兵也对纣王心存不满，商军很快投降并倒戈相向。纣王见大势已去，便自焚于鹿台，商朝自此灭亡。

周武王班师回到镐京后，人们将周文王发明的、为此次灭商立下大功的锅盔称为"文王锅盔"。后来，锅盔不断得到推广。

从秦始皇横扫六合、统一天下到汉武帝远逐匈奴、打通河西走廊，再到唐太宗东征西讨、平定中原，秦军、汉军、唐军都曾将锅盔当作行军打仗不可缺少的干粮。锅盔养育出聪慧、勤劳、勇敢的陕西儿女，他们为抒写中华民族悠久、辉煌的历史篇章作出了巨大贡献。

■ 龙霞

辣子是道菜

陕西人的"魂"

陕西韩城在清朝乾隆年间出了一位人如其名的大才子——王杰。王杰出生在一个贫苦的家庭，父亲是读书人，担任过县吏，深受百姓好评。

王杰从小聪颖敏捷，虽家境贫寒，但刻苦好学。为了精进学业，王杰离开家乡来到西安，在赫赫有名的关中书院求学。在这里，他遇到了改变他一生的关学大儒——孙景烈。

孙景烈曾是翰林院的庶吉士，但他志在钻研学问，对做官热情不高，终日以读书为乐，于是辞官回乡，致力于教书育人。孙景烈对这位天资过人的弟子极为赏识，在他的悉心教导下，王杰学业突飞猛进。

后来，不到30岁的王杰通过拔贡考核，被授予蓝田县教谕的官职。不幸的是，父亲在此时突然过世，王杰只能回家守孝。

相传，王杰在家守孝时，勤劳的母亲在院子中开垦了一块空地，种了各式各样的蔬菜，想方设法地利用为数不多的食材为他做些可口的饭菜。

这片菜园子里最引人注目的当属辣椒了。在夏日的骄阳下，经过悉心呵护的辣椒苗努力生长，不久便长到尺把高，随后陆续长出一个个白色的花蕾，露出绿色的小辣椒。经过三伏天的暴晒与秋雨的梳洗，曾经绿油油的辣椒就会蜕变成"燃烧的火苗"。

王杰帮母亲将红辣椒采摘下来，用绳子串成长长一串，挂在屋檐下。

待到晾晒成干辣椒，母亲便将其切成环状，用慢火在锅中焙烤，再碾成粉末，存放到盒子里。

吃的时候取一小碗，撒上盐、芝麻、花椒粉等配料，用烧热冒烟的菜籽油一泼，"刺啦"一声，勺起油落。接着，再用筷子在碗里轻轻搅上几搅，热油裹着辣椒面，顿时香气四溢。

将油泼辣子夹在刚出笼的白馍里，咬上一口，让人五脏六腑都跟着舒展开来。这一碗红艳艳、油亮亮的油泼辣子，让王杰读书更有了动力。

后来，在恩师孙景烈的引荐下，王杰投奔到陕甘总督尹继善门下做幕僚。王杰办事谨慎得体，深受尹继善好评。不久尹继善转任两江总督，将王杰带到南方。

临行前，母亲怕王杰吃不惯南方饮食，特地弄了两大罐油泼辣子给儿子带上。

36岁时，王杰参加科考，殿试考卷呈送乾隆皇帝时名列第三。乾隆皇帝见王杰考卷字迹清秀、文采飞扬，加之有意选拔北方人才，便钦点王杰为状元。王杰也因此成为清朝时陕西的第一位状元。

后来，王杰又被提拔为军机大臣、上书房总师傅。清朝时期，上书房是皇子们学习的地方。一次，乾隆碰见皇子被王杰罚跪，就命令儿子立刻站起，并说道："无论教什么、怎么教，皇子永远是皇子，怎么能忘了君臣之分呢！"王杰当即回道："教得好，皇子会成为尧舜；教不好，则可能变成桀纣。这是师道的尊严！"如此一来，乾隆对王杰更加刮目相看。

乾隆晚年好大喜功，靡费严重，导致国库空虚。和珅能够逢迎圣意，很快得到乾隆的宠爱，成为权倾朝野的大红人。朝野上下多数官员或因畏惧而隐忍不言，或与之同流合污。只有王杰敢与和珅正面交锋，时常怼得

红辣椒

和珅下不来台。

76 岁时，王杰以年老体衰为由，请求告老还乡。嘉庆帝下诏挽留，并特许他拄杖入朝。三年后，王杰正式致仕。嘉庆帝赐其诗曰："直道一身立廊庙，清风两袖返韩城。"

王杰就如他终日喜食的油泼辣子一样刚直不阿、坚毅顽强。如今，这一碗油泼辣子，早已成为陕西人离不开的美味，是陕西餐桌的灵魂所在。那油汪汪、红亮亮的颜色，像永不消逝的阳光，照亮陕西人的生活。

■ 龙霞

泡馍大碗卖

情义在碗中

相传，宋朝开国皇帝赵匡胤年轻时曾四处游历。一次在长安，已身无分文的他因多日奔波劳累而极度困乏，身上也仅剩两个硬邦邦的干饼子。无力前行的他坐在城角，倍感孤寂。

此时，一股浓郁鲜香的羊汤味扑鼻而来。赵匡胤抬头一看，旁边小巷子里有一位卖羊肉汤的老伯正在给客人盛汤，汤锅前排满了人。人们一边唠着家常，一边等着自己的肉汤，好不热闹！

羊肉泡馍

赵匡胤小心翼翼地走到老伯跟前，问老伯是否可以给自己打一碗。老伯看着落魄的赵匡胤，心生怜悯，便给他打了一碗滚烫的羊肉汤。但只有汤，没有干粮也是吃不饱的。于是，赵匡胤便把两个干饼子掰碎泡入，硬邦邦的饼子被热乎的羊汤泡得软乎乎的，像极了美味佳肴。

赵匡胤饿极了，狼吞虎咽地将整碗羊肉汤一扫而光。这一碗热乎的羊肉汤下肚后，赵匡胤饥寒全无、精神大振，再次踏上了征程。

陈桥兵变后，赵匡胤黄袍加身，登基为帝，建立了宋朝，结束了五代乱世。

虽然当上了皇帝，但赵匡胤依然对当年吃的那一碗羊肉汤念念不忘，于是征集各地的大厨仿制。可无论大厨们怎样精心制作，赵匡胤都不甚满意，总觉得差些味道。后来，有一位大厨将面饼掰碎，撒入肉汤中。这次，赵匡胤终于吃出了当年的滋味，下令褒奖，并把这道美食列入宫廷菜谱。

就这样，皇帝喜欢吃羊肉泡馍的消息不胫而走。一时间，羊肉泡馍成为当时上至王公贵族、下至平民百姓都津津乐道的美食。其汤鲜、色嫩、馍筋、质滑，令人食罢回味无穷。

北宋大诗人苏轼可谓是美食专家，他曾说："秦烹惟羊羹。"足见其对羊汤的推崇与喜爱。后来，羊肉泡馍经过历朝历代的传承与发展，成为陕西美食中的一绝。由于这种泡馍是用陕西特有的"大老碗"来盛，所以又叫"泡馍大碗卖"。

如今，"大碗泡馍"被视为陕西的风味小吃。一碗浓郁鲜嫩的泡馍不仅盛着人间美味，也盛着人与人之间的善良，不仅能温暖我们的胃，更能温暖我们的心。

■ 柴鑫彤

碗盆难分开

老碗似盆盛温情

每一种美食，都有它专门的盛放器具。陕西有一种独特的盛具，虽形似小盆，但陕西人亲切地称之为"老碗"或"大老碗"。

老碗在历史上出自耀州窑，如今多产自陕西省铜川市印台区的陈炉古镇，结实耐用，端在手里足半斤重。碗沿外侧是简单的青色花纹，碗周身多是白底青花或是人物神态图，寥寥几笔就能勾勒出人物各般神情，其粗犷之下蕴藏无尽细腻。粗糙古朴的粗陶面和笨拙厚重的碗身，带着历史的

老碗

浑厚和乡风的质朴。

老碗不仅能盛放美食，也盛着父母对即将嫁为人妻的女儿的爱。在关中地区，人们常将老碗作为嫁妆赠予女儿，寄托着对女儿的满腔爱意。这种质朴且简拙的表达爱的方式与关中人民的性情如出一辙。

过去，陕西人喜欢蹲着吃饭。每到用饭时，村子里的人就端着老碗蹲在一起，美其名曰"老碗会"。他们左手端碗，右手握筷，大拇指扣着碗沿，食指搭在碗肚上，其余三指托着碗底，老碗便稳稳当当地端在手中。

现如今，中国科技快速发展，生产方式发生变化，生活节奏不断加快，端着老碗在村中边吃边聊的人几乎没有了。不过，陕西人依旧保持着对老碗的热爱，无论是羊肉泡馍、水盆牛肉还是各种面食都离不开老碗，老碗装着陕西人祖祖辈辈的美食和情义。

碗能养人，亦能载情。这片土地上直爽憨厚的人民创造出的浑厚古朴的老碗，既可以用来盛饭，同时也承载着陕西人对子女满满的爱意和祝福，彰显了陕西人豪爽大气、质朴厚实的秉性。

■ 柴鑫彤

帕帕头上戴

摇曳的"女人花"

相传，前秦时期，关中武功县（今陕西省咸阳市武功县）人苏道质在陈留（今河南省开封市祥符区）当县令。苏道质有个女儿，名叫苏蕙。苏蕙自幼容貌秀丽，聪颖过人。三岁学字、五岁作诗、七岁学画，不仅吟诗绘画无不通晓，刺绣也是一流。她九岁便学会了织锦，加之她勤于学习，十岁有余，便可描龙绣凤。因此，苏蕙的名声在当地广为流传。

转眼间，苏蕙便到了婚配的年纪，许多富贵人家的公子都纷纷托人到苏家提亲。然而来的大多是庸碌之辈，苏道质替女儿看来看去，也没有心仪的人选。

一日，苏蕙随父亲逛庙会，偶然遇到了一位眉目温润、清俊秀朗的少年，苏蕙一见倾心。父亲苏道质见此少年风度翩翩、气宇轩昂，也十分满意。少年名叫窦滔，出身于将门之家，能骑善战。窦滔自那日见过苏蕙后，也念念不忘，回家便央求母亲找人上苏家提亲。不久二人结为连理，夫妻间相敬如宾、举案齐眉，十分恩爱。

但好景不长，窦滔后来在出任秦州刺史时，因触怒前秦皇帝苻坚而被发配到边疆沙州（今甘肃省酒泉市敦煌市），这一去便杳无音信。苏蕙日日翘首以盼，苦苦等待他回来团圆，然而过了很久也没有盼到窦滔被赦免的消息。为了缓解思念之情，苏蕙用五彩丝线在长宽均为 8 寸的锦缎上，织下了 840 个字，寄给了窦滔。

这些文字排列像天上的星辰一样玄妙有致，无论正读、反读、横读、

苏蕙织锦

斜读、交互读、退一字读、迭一字读，均可成诗。诗句如诉如怨、凄婉哀痛，将对爱人的思念表现得淋漓尽致。这就是流传千古、被后世称赞为奇文的《璇玑图》。后来，《璇玑图》作为爱情的象征，在各地流传开来。

千百年来，苏蕙织锦的技艺在陕西女性中得到了传承和发扬。勤劳质朴的陕西人民在嫁女时都要织出花色各异的布床单作为嫁妆，一针一线都传递着母亲对女儿的疼爱和祝福。与此同时，新娘也会亲手织出精美的手帕作为爱情的见证。

手帕作为陕西传统婚俗中定情信物的代表，时至今日仍在关中一带发挥现实作用。在关中的许多农村，仍然不时可以看到一些上了年岁的老太太将不同颜色的手帕从脑后打个结，使其两侧搭在耳朵上，前面正好覆盖额头，像一束束摇曳多姿的"女人花"。

五颜六色的花格子手帕，是勤劳质朴的陕西妇女对美好青春的眷恋，对甜蜜爱情的向往，对幸福婚姻的憧憬，更是对美好生活的期待。戴着手帕的女人，成为关中平原上一道独特亮丽的风景线。

■ 龙霞

房子半边盖

肥水不流外人田

相传，很久以前关中地区某个村子里有个青年叫白娃。某天白娃随族长去西安城里办事，来到西安后，他看着城里的繁华盛景，不禁惊讶连连。

这时，少年老成的白娃一拍脑门，如疾风一般跑到族长面前，哼哧哼哧喘着粗气说："族长，我有个好主意。您看咱村的房子能盖成西安城里这样不？这些年咱村的黄土风沙可是把大家伙儿折磨得够呛，茅草房子被大风吹得直晃荡，隔上两三年就得重新修补，乡亲们有苦难言啊！"

族长背着手，愁眉苦脸地叹息道："哎！我作为一族之长，更想让大家都住上好房子，实在是村子里只有这一捧黄土，连一个正经的房梁子都没有，更别说添砖加瓦了，还是想想怎样扎牢茅草吧。"

族长这一番话如冷水一样浇在白娃头上。白娃搓了搓双手，似是下定决心一样，咬咬牙对族长说："我还是想放手一试，不试一试怎么会知道自己建不成房子呢？"

白娃回村后，天天往外跑，四处搜寻材料，准备建房。但这种工作只靠自己是难以开展的，于是白娃就去找和自己半时走动多的邻居林哥。

林哥听了白娃对西安房子的描述，也十分向往。就在两人一拍即合之际，林哥突然脸色为难地对白娃说："这年头我们烧火的柴火都不好找，去哪找这么多木头呢？"

两人踌躇好一会儿，白娃突然想到，西安附近一些小村子里有些居民

是将房子屋脊盖成人字形的一半，这房子虽然看起来怪怪的，但也十分稳固暖和。于是白娃兴高采烈地对林哥说："林哥，虽然眼下木头难找，但我们可以共用一堵墙建一个人字形屋脊，这样不仅可以省些木料和砖瓦，还能把雨水都集中在自家院落里。"

两人说干就干，一个半月后，白娃和林哥的人字形房子就建成了。相比其他人家的房子，这座房子更高也更牢固，打老远就能看见，房子里面也宽敞明亮，令人心情舒畅。

自打白娃和林哥的怪房子建成以来，就吸引了不少人驻足观看，大家纷纷向白娃和林哥讨教盖房子的妙招。家家户户也开始模仿他们，盖起了半边屋檐的房子。后来有歌谣唱道："乡间房子半边盖，省工省料省木材。遮风挡雨又耐寒，冬暖夏凉时运来。"

"半边盖"民居

关中地区这种独具一格的建筑风格是在气候干旱、风沙大、木材稀少的生存环境中演化出来的。"半边盖"的房子像坚不可摧的战士，守护着家家户户的安全，体现出陕西人民因地制宜的智慧与节俭勤劳、互帮互助的品德。

■ 柴鑫彤

姑娘不对外

八百里秦川嫁女

"长安建都十几代，人杰地灵春长在。风调雨顺生活好，陕西姑娘不对外。"这一声声清脆质朴的歌谣唤醒了阿婆久远的记忆。

阿婆是关中蓝田人，十八九岁时，父母便琢磨着为她说门好亲事。但阿婆小时候就对外面的世界非常向往，盼着能游历四方，与远方意气相投的人结为夫妻，不想受"父母之命，媒妁之言"的束缚。终于有一天，她收拾好包裹，一路乘风南下，准备实现自己的愿望。

阿婆平生第一次感受到自由的美好，从高山之巅到江河湖海，内心非常喜悦。但经过这段时间的舟车劳顿，阿婆病倒了。此时正值南方的梅雨时节，天气炎热、空气潮湿。体弱的阿婆靠着桌子，望着窗外连绵的梅雨，回想着一路上的种种经历，终于明白了"一方水土养一方人"的道理。每个人自己的家乡对于别人来说，同样也是远方。如果不能脚踏实地，只把梦想和希望寄托在虚无缥缈的远方上，那终究不会得到自己想要的东西。

想到这里，病中的阿婆萌生了回家的想法。此刻她十分想念自己的父母，同时也理解了父母的良苦用心。于是，阿婆便启程回家了。

等阿婆回到关中时，大批麦客已将麦子收割完成，大家都在说着今年的收成似比往年好上不少。阿婆看着这喜气洋洋的生活乐景，心中的信念更加坚定。当一个人被幸福包围时，他自己往往察觉不到。所以，人们总是在失去之后才懂得珍惜。

历史上，"姑娘不外嫁"的风俗在中国很多地区都曾存在，这个风俗背后蕴藏着一定的经济原因。陕西关中被高山环绕，土地肥沃、粮食富足。在小农经济时代，相比于容易遭遇灾荒的其他地方，关中平原有着得天独厚的优势，久而久之就形成了"姑娘不对外"的风俗。

如今，随着经济社会的发展，"姑娘不对外"这一风俗已逐渐为人们所淡忘，化作了历史的尘埃。不过，无论何时，父母心中总是饱含对女儿的爱和不舍，不论女儿和谁结婚，嫁到何处，都希望女儿能够收获一段如意美好、值得向往的婚姻。

 柴鑫彤

麦田

不坐蹲起来

蹲出生活

翻开中国地图，陕西的轮廓就像一个蹲着的武士俑，正应了陕西十大怪中的"不坐蹲起来"。过去就有歌谣唱道："秦人头望大西北，心脏陕北黄帝陵，腹部关中大平原，陕南是两条蹲着的腿！"

从前，人们蹲着的场景在陕西随处可见，如树荫下蹲着剥玉米的老大娘、房檐下蹲着串辣子的年轻媳妇、家门口蹲着喝茶的老大爷。蹲着仿佛一点儿也不会感觉累。每到午饭的时候，台沿、崖畔、大树下，总蹲着一群端着老碗，吸溜着如裤带宽的面的男人。

"蹲"的历史由来已久。上古时期，人们的生活条件原始，采拾野果、伏击猎物等都需要蹲着。从夏商周直到秦汉，中国人在正式场合往往采用"跽坐"，即跪着坐在后脚跟上。在私下场合，往往也会"踞坐"，即蹲姿。《诗经·小雅·伐木》中也有"坎坎鼓我，蹲蹲舞我"的诗句，描述的就是人们以蹲姿随着鼓乐翩翩起舞的场景。

后来，随着坐具的发明，人们逐渐不在生活中频繁使用蹲姿。但是，由于过去陕西农村常常缺少木料，大多数人家置办不起像样的家具，就连板凳也不多，因此便习惯了蹲着。

那个时候生活条件艰苦，孩子们上学都要自己带板凳。有些板凳已经快坏了，不是掉了凳腿就是发出"咯吱咯吱"的声响，于是孩子们便蹲着上课。老师看到后就会说："毛主席的著作有些也是蹲在马扎、蹲在战壕、蹲在石头旁边写成的呢！"听了老师的话，孩子们学得更起劲了。

蹲着吃饭的陕西人

　　如今陕西人的蹲，不仅是历史习惯的沿袭，更是一种生活态度，蕴藏着陕西人的情怀。

　　■ 周钰玲

唱戏吼起来

吼出秦人情怀

"吼秦腔"是陕西人生活的一部分。演员张兰秦正是凭借一副好嗓子，吼出"西北花脸王"的名号。

张兰秦出生于陕西省宝鸡市岐山县，他的父亲特别喜欢唱戏，张兰秦耳濡目染，渐渐地也爱上了这门艺术。

20世纪70年代，张兰秦初中毕业后，瞒着父母报考了岐山县秦剧团，从未正经学过戏曲的他却凭借一副好嗓子与表现出的对戏曲的热爱，成功被考官选中。

秦腔表演

正当他欣喜若狂之时，却不知父亲早已怒火攻心。当时那个年代，人们都认为唱戏是一个难以糊口的营生，张兰秦的父亲甚至放下狠话说，要是去学唱戏，就别回来了。伤心的张兰秦把自己关在房间里几天没出来，还是心疼他的母亲对丈夫说："让他试试，说不定就死心了呢。"最终，父亲同意让张兰秦去剧团学艺。

于是，16岁的张兰秦来到了剧团，他暗暗发誓，一定要闯出个名堂来。在剧团，这个少年每天都要吊嗓、练功，甚至在别人都休息时，自己单独加练。不久后，凭借出众的外形和过硬的基本功，张兰秦很快就在样板戏《红灯记》《海港》《杜鹃山》中崭露头角，给观众留下了深刻的印象，获得了一片赞誉。

张兰秦并没有就此止步，他一直想完成新的突破。1978年，张兰秦改唱花脸，在《铡美案》中饰演包拯。"王朝马汉一声禀，他言说公主到府中，我这里上前去忙跪定，王朝马汉喊一声……"一次演出中，身穿戏服的张兰秦一开嗓，场内先是顿了几秒，随即爆发雷鸣般的掌声。高亢激越的唱腔吼得地动山摇，不仅征服了观众，也让张兰秦一炮而红。

2008年7月，秦腔历史上的首部数字电影《铡美案》在陕西正式开拍。电影拍摄与舞台表演不同，一举一动都必须生活化，不能有太重的舞台痕迹。为了达到最理想的拍摄效果，张兰秦就一遍一遍地练习，一遍一遍地改进。最终，当《铡美案》在央视电影频道播出时，张兰秦慷慨激昂的秦腔、无懈可击的表演给全国观众留下了深刻的印象。

秦腔是国家级非物质文化遗产，有着悠久而光荣的历史。秦人把喜怒哀乐、爱恨情仇都融进了秦腔粗犷的怒吼中，它不仅是戏曲艺术的瑰宝，更是中华民族精神财富的重要组成部分。

■ 周钰玲

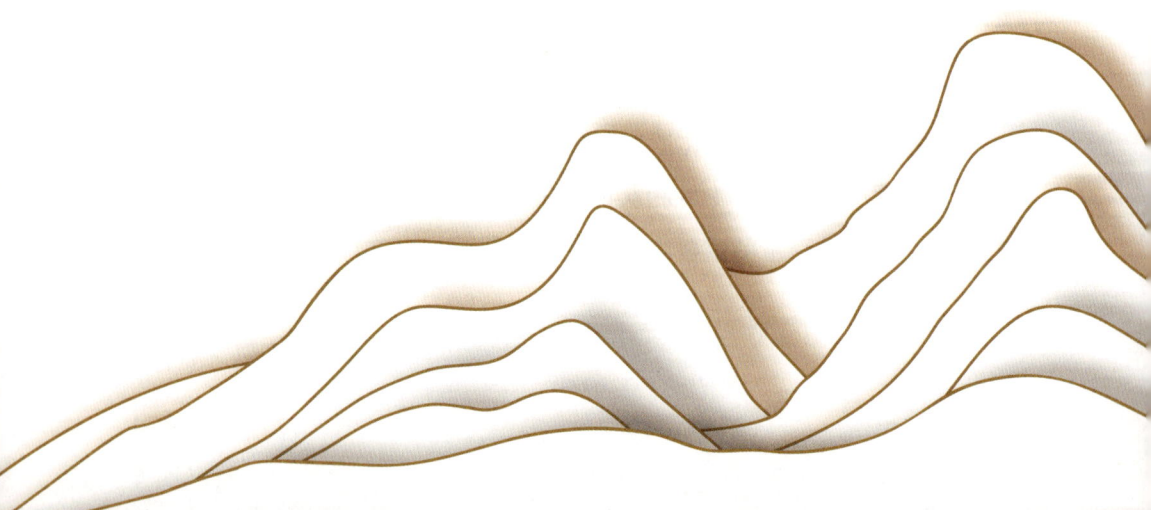

陕西 · 艺术

导 言

陕西在悠久的中华文明中占据着重要地位，曾是全国的政治、经济、文化中心。那么，陕西这片土地上又有哪些艺术呢？这些艺术又体现了陕西人怎样的气质呢？

千百年来，勤劳智慧的陕西人民创造了一系列艺术形式与艺术作品。这些艺术通过代代传承，成为见证陕西风土人情与生活韵味的"活化石"。

听！高昂激扬的秦腔，呐喊出陕西人的豪迈与刚强。听！委婉细腻的眉户，诉说着陕西人的深沉与浪漫。听！朗朗上口的信天游，彰显着陕西人的质朴与坚韧。

看！栩栩如生的陕西剪纸，见证着陕西妇女的心灵手巧。看！别具一格的鄠邑农民画，展现了陕西农村的生机勃勃。看！形态逼真的凤翔彩绘泥塑，体现着陕西匠人的天真烂漫。看！造型丰富的唐三彩，印证着陕西历史的绝代风华。看！活灵活现的皮影，蕴含着陕西人的丰富想象。看！造型百态的面花，传承着陕西人的面食文化。看！铿锵有力的安塞腰鼓，表现着陕西人的乐观豁达。

接下来，就让我们一起徜徉在陕西艺术的海洋，在秦腔、眉户、信天游、剪纸、鄠邑农民画、凤翔彩绘泥塑、唐三彩、皮影、面花、安塞腰鼓中，领略陕西五千年的文化风采，体验秦风唐韵的动人芳华。

秦腔

秦腔的北上南下

秦腔，中国最古老的戏剧之一，发源于陕西岐山一带，最早可追溯至西周时期，具有朴实、粗犷、豪放的艺术魅力，被列入国家级非物质文化遗产名录。

魏长生是清中期著名的秦腔演员，通过毕生的不懈努力，将秦腔带到了中国的大江南北，传承发扬了这一门古老艺术。

相传，魏长生家境贫寒，幼时父母双亡。为了生计，他曾到四川金堂县（今四川省成都市金堂县）的绣川书院做杂役。后来，他跟随舅父辗转来到西安，起初在一家水烟铺做学徒，之后迫于生计，便投身秦腔戏班学花旦。魏长生小小年纪就备尝人间冷暖，这使他格外珍惜这个机会，奋发学艺，不敢有半点偷懒懈怠。

乾隆三十九年（公元1774年），魏长生第一次随戏班来到京城演出。虽然反响不大，卖座不佳，但见识了京城诸戏班的风采，了解了京腔的唱法。离开之际，魏长生暗下决心，未来一定要在京城为自己和秦腔证明。

没过多久，乾隆四十四年（公元1779年），魏长生卷土重来，经过几年的钻研磨炼，他的旦角技艺已然精湛娴熟。当时秦腔"双庆部"在京城口碑不佳，几乎到了无立足之处的境地。魏长生便与双庆部的演员约定，如他加入后两个月内不能扭转局面，甘愿受罚。夸下海口后，魏长生便以《滚楼》一剧的演出在京城引起轰动，每日观众多达千余人。双庆部的风头一时间压过了京腔六大班，王公贵人都以与魏长生结交为荣。此时，北

秦腔表演

京戏曲舞台上有来自全国各地的剧种，如昆曲、汉调、徽剧等，这些剧种的演员看到秦腔大受欢迎，也纷纷前来观摩学习。

本以为在京城已能稳稳立足，却不料天有不测风云。乾隆五十年（公元 1785 年），由于秦腔在京城演唱的曲目多为男女情事且表现形式大胆，与传统礼教相抵触，官府下令禁止秦腔在京演出。

眼看自己辛苦建立的事业就要倒下，魏长生并不甘心，于是决定转入昆弋班，改唱歌颂忠烈、痛斥奸顽的道德教化类曲目，如《铁莲花》《香莲钏》等。改变后的魏长生声容如旧，风韵弥佳，艺术造诣更加精进。

乾隆五十三年（公元 1788 年），为了继续发扬秦腔艺术，魏长生决定离开北京，南下扬州（今江苏省扬州市）。到扬州后，魏长生成了盐商江鹤亭的座上宾，声名大振，扬州、苏州（今江苏省苏州市）附近的昆腔和花部戏班纷纷前来观赏，对他的表演技艺群起效仿。

嘉庆六年（公元1801年），魏长生为了弥补乾隆年间秦腔被禁的遗憾，再度启程前往京城。这一次，他似乎预感到自己的结局，于是在演出中使出了毕生功力，独创梳水头、贴片子，使人物造型更加鲜活。他的唱腔念白、举手投足，也无不让观众为之动容。嘉庆七年（公元1802年），一个炎热的夏日，魏长生表演完《背娃入府》后，下场气绝，以身殉艺，真正将生命奉献给了热爱的舞台。

魏长生将秦腔艺术发扬光大，其创新和成就影响了大江南北的曲艺，奠定了秦腔在中国戏曲史上的地位。正是凭借魏长生这样一代又一代热爱秦腔、钻研秦腔、传承秦腔的曲艺人，秦腔才能成为中国戏曲艺术宝库中的璀璨明珠。

■ 周钰玲

秦腔表演

眉户

为革命“发声”

眉户，地方戏的一种，据传因发源自陕西眉县、户县（今陕西省西安市鄠邑区）而得名，主要流行于陕西关中和山西南部等地区，曲调婉转动听，被列入国家级非物质文化遗产名录。

说起眉户，就不得不提起抗战时期的民间眉户老艺人——“眉户王”李卜。

李卜，祖籍山西省运城市，出生在一个贫苦的农民家庭。在李卜很小的时候，为了缓解生活压力，父母便把他送到一个木工师傅家里学木工手艺，希望他能早点做工赚钱，贴补家用。他从小就爱好戏曲，尤其是眉户，在当学徒时，常常因为看戏而耽误做工，因此经常受到师傅的责罚。

后来，李卜遇到几个同样喜欢唱戏的朋友，几人商议后，一致决定搭伙唱眉户。就这样，他开始了自己的卖艺生活。

李卜一路辗转于晋南、秦东一带，他因独特的唱法和细腻的嗓音，一时间小有名气。卖艺唱戏的日子虽然清苦，但李卜却自得其乐，将唱戏当作自己的精神食粮。到了 1930 年，李卜来到陕北富县的瓦窑沟，在这里成家落户，结束了漂泊生涯。成家后，家里的重担都压在了他身上。他深知仅靠卖艺求生是不行的，于是痛下决心，不再唱戏，重操木匠的旧业，只为获取一份稳定的收入，以供家用。就这样，一晃十年过去了。

1940 年，陕甘宁边区民众剧团来到富县演出，演出剧目多为秦腔。当时担任陕甘宁边区民众剧团团长的是著名剧作家柯仲平，他擅长话剧和秦腔，对眉户也颇感兴趣。柯仲平早就知道眉户戏非常适合排演短小精悍的折子戏，也曾想过按照眉户的形式，编排反映革命根据地生活的现代戏，以激发群众的革命热情。但是，编排戏剧不难，难的是没有老师亲身示范，进行现场教学和指导。

一天，剧团演出时，有人在现场认出了李卜，急忙向柯仲平报告："瓦窑沟的李卜来了，这人最擅长眉户戏了，陕北老百姓没人不知道他！"柯仲平大喜，连忙将李卜请到后台。见面后，两人聊唱功、聊戏曲形式、聊眉户，越聊越投机，柯仲平便顺势邀请李卜来剧团教唱眉户。

初到剧团，李卜就被全团人的热情和积极性感染了。过去，民间艺人

眉户表演

社会地位低下，被旧军阀、旧官僚随意对待，受尽白眼。如今，李卜看到生机勃勃的革命剧团中，演员之间相互尊重、团结友爱，创作的戏曲也都在为老百姓说话、指明未来的道路，内心十分激动。他暗下决心，一定要帮助柯团长把革命中的戏曲文化发扬光大。

在李卜的指导下，民众剧团很快创作排练了眉户剧《桃花村》。不到半年时间，李卜教了40多个曲子，还参与了乐队演奏。

1942年，李卜冒着生命危险，化装成小商贩，往返于革命根据地和国民党统治区之间，为剧团购置戏箱。柯仲平知道后感动地说："民众剧团有了李卜同志，如同军中得了一员大将啊！"李卜的故事还被作家丁玲记录下来，刊登在延安《解放日报》上。丁玲在文中称赞他是"革命的群众艺术家"。

著名剧作家马健翎听说了李卜的事迹后，提议由李卜唱眉户曲调，他根据曲调填词。由此，二人创作了《十二把镰刀》《大家喜欢》等戏剧。这些反映革命根据地生活的新戏上演之后，轰动一时。

从此，眉户这个古老剧种获得了新生。

■ 周钰玲

信天游

黄土高原上的灵魂之歌

倾身听，在那辽阔无垠的黄土高坡上传来一段隐隐约约的歌声。这声音随着风从远处飘来，逐渐清晰。

提起个家来家有名，家住在绥德三十里铺村。

四妹子交了个三哥哥，你是我的知心人。

三哥哥今年一十九，四妹妹今年一十六，

人人说咱二人天配就，你把妹妹闪在半路口……

这歌声就像夏日的一阵凉风，迎面吹过，在心间久久停留，不能忘怀。随着歌声入耳，脑海里浮现出一幅生动的画面。谁曾想，这首歌所唱的都是真实故事的写照。

时光回溯到 1937 年，在陕北山大沟深的三十里铺村中，有一对青梅竹马、两小无猜的青年男女，他叫她四妹子，她叫他三哥哥。他们相伴长大，彼此都认为世界上不会再有比自己更懂对方的人。后来，三哥哥参军，远赴前线。给三哥哥送行的四妹子，远远站在村口，静静地看着心爱的人消失在路的尽头，她的心也随之飘向了远方。

这幕感人的场景被会唱信天游的人目睹，于是就催生了一首经典的民歌。那个年代，妻子送丈夫上战场的故事比比皆是，在小家和国家的抉择面前，他们毅然选择了后者。因此，人们在歌唱的同时，也将内心的情感注入其中，将对心上人压抑已久的思念之情尽情释放出来。这段凄美的爱情往事，后来被那些来来往往的客商和赶牲灵的人带去了四面八方。

这首《三十里铺》是信天游众多爱情故事中的代表，人们通过简单质朴的歌词，表达内心最真挚直白的情感。哀而不伤的曲调、如泣如诉的唱腔与歌词融合在一起，让听者心中泛起阵阵涟漪。

信天游中这样的歌曲还有很多。生活在陕北的人，常常在不经意间就会哼唱起来，随心所欲地吼上几句，孤独疲乏的感觉一下子就消解许多。陕北人常说："信天游，不断头。断了头，穷人无法解忧愁。"对于穷苦百姓来说，信天游就像一束灿烂的火炬，把生命从忧愁和苦难中解脱出来。

一曲信天游，悠悠地在黄土高原上回响，春去秋来，阳光依然洒向这片土地。热爱信天游无需理由，高唱信天游无需舞台，放歌信天游无需听众，它流走于沟溪，回音于山峁，不被岁月尘封，联结着一代代不屈的灵魂。

■ 马洁

黄土高原

剪纸

剪花娘子

1920 年，库淑兰出生在如今陕西省咸阳市旬邑县的一个农民家庭。家里人给她起了一个小名叫桃儿，希望她的人生，能够像桃花盛开一样幸福美满。

小时候，她就对母亲剪的那些活灵活现的窗花产生了兴趣，剪纸这颗神奇的种子，在她幼小的心里渐渐生根发芽。通常情况下，母亲精美的剪纸作品会卖得很快，挣来的钱能给她买一些麦芽糖，这让她十分快乐，也让她对剪纸的兴趣愈发浓厚。于是，小小的她就学着母亲的样子，拿着重重的铁剪刀，剪一些七歪八扭的图案。

闲暇之时，母亲会教她一些基本的剪纸技巧，聪明的她很快就能剪一些形象逼真的小猫和小狗。她发现，只要一拿起剪刀，时间就像拥有了魔力一般过得飞快，就算一个人在家中等待母亲回家，也不觉得枯燥乏味了。

从 6 岁起就接触剪纸的库淑兰，直到婚后还依然坚守着这份热爱。傍晚，在一天的辛苦劳作之后，她会拿出从小就跟随着她的剪刀，对着红彤彤的晚霞，剪出田野中饱满的麦穗，剪出田地里肥壮的耕牛……眼下这一幅幅生动的图案，剪掉了她一整天的劳累与疲惫。

库淑兰婚后的生活不算幸福，婆婆和丈夫常因受当时愚昧思想的影响而对她百般刁难。她 13 个孩子中，有 10 个因疾病、灾荒而相继夭折。受尽苦难后，剪纸就像她生命中的一团火，照亮她全部的生活。

库淑兰剪纸作品

后来，又一场意外降临在这个女人的头上。1985 年，库淑兰在傍晚回家时不慎跌落几米深的土崖，这导致她昏迷 40 多天。也许是上天可怜她坎坷的命运，就当她的孩子们准备为她办理后事时，她竟奇迹般地苏醒过来。醒来后，她开口说的第一句话是："给我剪刀和纸……"原来，正是对剪花的执念支撑着她挺过了危险，剪花是她生命未竟的事业。此情此景，在场所有人都不禁为之动容。

自那一场变故后，库淑兰的剪纸技艺反而更加出色，她用五颜六色的宣纸，剪出一幅幅形象怪诞又令人着迷的剪纸画。她将这些作品贴满她生活了一辈子的窑洞，一抬头就能看到色彩斑斓的世界令她无比满足。在她后来的剪纸作品中，一直有个长着圆溜溜的眼睛、扎着麻花辫的圆脸娃娃在这色彩斑斓的世界里微笑。

晚年时的库淑兰，双手是颤颤巍巍的，但每当她拿起那把跟随了她大半辈子、有了岁月斑驳痕迹的大剪刀时，就能干净利索地剪出线条明朗的画来。她在剪花时，嘴角是微笑的，整个人是放松的。她的剪纸作品不仅呈现了生动的西北田园生活，还有她丰富的内心世界。她一生辛劳贫苦，但她的内心却如赤子一般纯净澄澈。

作为"剪花娘子"，她的故事后来被越来越多的人知晓，人们都将她视为民间艺术家。1996 年，联合国教科文组织授予库淑兰"民间工艺美术大师"的称号，高度肯定了她的艺术成就。

陕西剪纸已有千余年历史，它以古老而纯朴的魅力为人们所喜爱。随着社会进步、人民生活水平提高，剪纸花样不断由简入繁，品种由少渐多，剪纸艺术成为中国民间艺术殿堂中的一朵奇葩。

■ 马洁

鄠邑农民画

东方的毕加索

1933 年，陈王京龙出生在如今陕西省西安市鄠邑区的陈坪村。他是西汉丞相陈平的后代，从小又在鄠邑直峪口的王家长大，因此姓"陈王"。

1973 年，鄠邑举办了一场绘画培训，不识字的农民陈王京龙，怀着好奇的心理，以旁听生的身份参加了培训。

一开始，他只是紧张地站在教室的一角，看着书桌上从未见过的颜料，看着绘声绘色讲课的老师，静静地发呆。热心的老师发现了他的局促，示意他可以在纸上画着试试。得到安抚后，他鼓起勇气，走向了那摆放着颜料的桌子。

渐渐地，随着培训的深入，他灵魂中的艺术天赋被唤醒，他慢慢发掘出自己独特的绘画风格。与别人不同，他对画中线条的使用十分大胆，色彩使用上也无章法可循，浓重的颜色搭配给人以奔放粗犷的视觉体验。

很快，这个旁听生在培训班中脱颖而出。村里人都这样评价他的画——"乍一看，看不懂；回头看，好喜欢"。他的画，有种说不清、道不明的怪异感，却又让人无法拒绝欣赏。因此，他成为了人们口中的绘画怪人，人们开始叫他"王老怪"。

后来，他被西方艺术家称为"中国的马蒂斯""东方的毕加索"。

这种天马行空、夸张质朴的画风，正是鄠邑农民画的特征之一。人们都说，当你亲眼看到它们时，就会不禁发出感叹，那种由生活事物所构成的画面里，能看到一种热爱生活、热情高亢的人生态度。

鄠邑的农民不仅在用双手画画，更是在用他们的心灵画画。鄠邑农民画夸张变形、对比强烈、浪漫稚拙，农民画家们通过农家生活的丰富体验，以饱满的热情、大胆的想象力，创造出属于自己的独特艺术风格。

陈王京龙的《大枣丰收》中，红枣比人还大；《磨豆腐》中，驴耳朵比身子还长。这种写意的风格抒发了农民对新生活的热爱与追求，洋溢着陕西人淳朴、善良、豪迈的本色，闪耀着现实与理想辉映的绚丽色彩。

鄠邑农民画诞生于 20 世纪 50 年代，从 70 年代开始不断成熟，逐渐走出鄠邑，走向世界，成为中国影响力最大的农民画之一，鄠邑也因此被视为中国现代民间绘画之乡。

 马洁

鄠邑农民画

凤翔彩绘泥塑

脱胎于黄土的"活化石"

相传，明朝初年，李文忠将军麾下的"第六营"驻扎在陕西凤翔一带，士兵们大多来自江西。后来士兵们在这里落户安家，他们生活的村子便被命名为"六营村"。六营村中有相当一部分人善于制作手工艺品，他们利用当地黏性很强的"板板土"，和泥制模，捏各种泥塑，然后把泥塑拿到庙会上售卖。六营村的脱胎彩绘泥偶由此出名，并代代相传。

1965 年，胡新明出生在如今陕西省宝鸡市凤翔区的六营村。他是"六营泥塑"民间艺人中的佼佼者。

自胡新明记事起，就知道父亲和母亲都会捏泥塑，家里摆放着大大小小的手工艺品。父亲和母亲在捏泥塑时，他就在一边静静看着。这时母亲会耐心温柔地给他讲解每个步骤，父亲则在一旁演示。看着他无比专注的神情，父母都认为他有捏泥塑的天赋。

胡新明小时候会独自一个人坐在田野间呆呆地看天空中飞翔的小鸟，也会经常与小猫小狗一起玩耍。回家后，他便开始捏见到的各种小动物，虽然比不上父母的泥塑，但也惟妙惟肖。

初中毕业后，胡新明怀着满腔热情，将精力都放在泥塑创作上。他还参加美术创作培训班，提高自己的泥塑技艺，他做出的泥塑生动灵巧、人见人爱，很快便出了名。

凤翔泥塑在南京艺术学院展览时，他的作品也位列其中。后来，他还

凤翔彩绘泥塑

参加了中美民间艺术交流，前往美国旧金山等地进行泥塑表演。此后，专程来凤翔参观他作品的泥塑爱好者更是络绎不绝。

　　就这样，胡新明的泥塑作品成为中国民间美术中独具特色的精品，当地人都说他的"泥娃娃"堪比"金娃娃"。

　　凤翔泥塑的工艺程序有制模、纸筋、入泥、脱胎、挂粉、勾线、彩绘和涂漆等环节，其用色不多，以红、绿、黄为主，以黑墨勾线和简练笔法涂染，对比强烈、造型生动。

　　从诞生到今天，历经数百年的发展，凤翔泥塑作品以浓郁的本土气息和蕴意深厚的民俗文化得到了人们的青睐。它取于黄土，生于民间艺人之手，传承至今，被誉为脱胎于黄土的"活化石"。

　　■ 马洁

唐三彩

陶器艺术的璀璨明珠

相传唐朝时期，河南巩县（今河南省郑州市巩义市）有一位年轻人，叫陶哥儿。小时候他经常把用泥捏起来的小人儿放在火堆里烤，片刻后便得到一个个生动的泥塑人物，周围的人都夸赞这孩子心灵手巧，以后准能干手艺活儿。

长大后，陶哥儿果然成了烧制陶器的匠人。一次，陶哥儿到湖畔挖陶土，刚到湖边就看见身后的悬崖上，一个采药的老汉正同一条大蟒蛇搏斗。眼看体力不支、气喘吁吁的老汉快要被蟒蛇吃掉，陶哥儿立刻取出挖土的铲子，上前将蟒蛇打跑，救下了老汉。老汉见陶哥儿心地善良，聪明勇敢，便将自己的女儿三彩姑娘嫁给了他。

三彩姑娘心灵手巧，婚后就和陶哥儿一起钻研制陶工艺。一日，三彩姑娘在烧制陶器时将上山采到的药草研磨成汁，调配到制陶的釉料里面，结果成功烧制出了色泽艳丽的彩釉。没过多久，这个消息传遍大街小巷，引来了附近不少人的围观。大家知道这种彩釉是三彩姑娘烧制的，于是就将它命名为"三彩器"。

后来，他们不断提高烧制技艺，最终让人们看到了造型各异、色彩鲜艳的三彩器。有黄、绿、白釉色交错使用的三彩日用品，有在悄声细语、点头微笑的三彩仕女，还有融入异域元素，连鬃毛、肌肉等细微之处都清晰可见的三彩马，等等。夫妻二人的声名远播四方，最后传到了皇帝耳中。

皇帝在见过色彩斑斓的三彩器后，下令将三彩器作为宫廷用器，并为三彩器建造官窑。不久后，琳琅满目的三彩器开始在达官贵人中流行起来，

唐三彩人俑

各国商人听闻后也纷纷来到长安购买三彩器,并将其大量运往自己的国家。

陶哥儿和三彩姑娘的故事只是美丽的传说。事实上,唐三彩是唐代低温釉陶器的泛称,因其以黄、绿、白三色为主,故把这种陶器称为"唐三彩"。宋代之后,由于瓷器的快速发展,陶器艺术逐渐走向没落。"辽三彩"和"金三彩"虽也有自身的时代特色,但在质量与艺术性上仍不及唐三彩。

回望千年,唐三彩以其明亮的光泽、优美的造型、精湛的工艺,展现了中国古代陶器艺术的辉煌。作为中国陶文化的杰出代表,唐三彩为中国和世界的交流作出了巨大贡献,不仅在日本和朝鲜半岛落地生根,发展出了具有当地特色的日本"奈良三彩"和朝鲜"新罗三彩",而且三彩马、三彩骆驼等珍贵艺术品曾被当作国礼赠送给多个国家的元首和政府首脑,这些瑰宝级的艺术品在世界各地讲述着中国古老而传奇的故事。

■ 刘梅梅

皮影

光影生命的律动

汉武帝有一位宠臣名叫李延年，出身于音乐家庭。他不仅嗓音出众，作曲水平极为高超，演奏技法也十分新颖，旁人难以企及。他常常创作出各种形式的音乐，以供武帝消遣，因此深受武帝喜爱。

后来，李延年在一次宫廷宴会上唱道："北方有佳人，绝世而独立。一笑倾人城，再笑倾人国。宁不知倾城与倾国，佳人难再得！"武帝听后感叹道："世间真有这样的人吗？"平阳公主接话说："李延年唱的正是自己的妹妹！"于是，李延年的妹妹被召入宫中，得到了武帝的宠幸，人称"李夫人"。

没过多久，李夫人就为武帝生下了一个儿子，武帝非常欣喜，后来将其封为昌邑王，与李夫人的感情也愈发甜蜜。但好景不长，李夫人身体不好，经常生病，以至于越来越虚弱，最终薄命早逝。李夫人的去世让武帝悲痛不已，看着挂在甘泉宫中的李夫人画像，久久不能排解对佳人的无尽思念。

有一位叫少翁的方士听说此事，便毛遂自荐，承诺有办法能让武帝再次看到李夫人。武帝听后，连忙派人安排少翁入宫。

少翁让人找来薄厚适中的牛皮材料，经过多次浸泡和刮皮，牛皮变得像纸一样薄脆。之后，少翁依据李夫人的画像，用刻刀把牛皮雕成她的形象，接着进行敷彩，发汗熨平。最后，少翁用绳子和操纵杆将牛皮串起来，以便控制人物的动作。

　　制作完毕后，少翁在晚上点起灯烛，将皮影放在纱幕后，请武帝在帷帐外落座，接着手握操纵杆，控制着皮影的动作。这时，纱幕之上果然映出了身姿曼妙、来回踱步的李夫人，仿佛李夫人起死回生，真的站在纱幕后面一样。

　　武帝看到朝思暮想的李夫人，心中不能平静，恍惚间想要走上前去，侍从只好连忙提醒道："陛下，这只是夫人的影子，不可近观。"武帝于是止步。

　　结束后，武帝对李夫人的思念愈发浓烈，纱幕后李夫人的身影在脑海中久久挥之不去，于是便创作了一首悼念李夫人的诗，并召集乐府的乐师们配乐演奏，将对李夫人的无尽相思寄托其中。

　　时光易逝，岁月更迭。李夫人的皮影故事随着历史的烟云悄然而逝，但世世代代的民间皮影人却将这一技艺传承下来，并将其发展成为皮影戏，通过帝王将相、忠臣孝子故事的演绎，承担起移风易俗、教化百姓的重任。

■ 刘梅梅

面花

面粉的奇迹

陕西省渭南市合阳县有一名普通的妇女——曹芳侠，她天生就有着一双灵巧的手。小时候，她特别喜欢趴在妈妈的缝纫机前听脚踏板的声音。于是，妈妈就教她针线活，她学得飞快，没多久便能缝出一些动物的图案。家里的长辈们见状，都感到惊讶，纷纷夸赞曹芳侠心灵手巧。

后来，曹芳侠跟着大人们一起看村子里的妇女们蒸花面、捏面花。一开始捏面花，她总是不能像长辈们一样做出生动可爱的动物面花，要么就是没鼻子，要么就是缺眼睛。时间久了，曹芳侠才恍然大悟，镊子、剪刀、瓶盖，这些生活中最常见的物品原来就是用来打磨面花细节的最佳工具。

那时候，只要一有捏面花的机会，乡亲们准会叫这个懂事能干的女孩帮忙。于是，捏面花陪伴着她度过了整个童年。

25岁那年，曹芳侠出嫁了。结婚之后，她的婆婆——一位蒸花馍高手，成了她面花创作之路上不可或缺的助手。渐渐地，曹芳侠捏出来的面花呈现出千姿百态的模样。

她说，要捏好面花，最重要的就是读懂中国民俗节日。比如，元宵佳节时，要做头戴凤冠的娃娃馍，寓意生活美满；端午团圆时，要做嵌有艾叶的艾馍馍，寓意身体健康。

为了提升蒸花馍、捏面花的技艺，曹芳侠还专门拜访了合阳县面花省级传承人邢俊肖，学习面花制作手艺并汲取创作灵感。

　　经过多年实践，曹芳侠越来越热爱面花事业。2005年，她在镇上开了一间自己的面花铺子。周边很多住户都早已对她精湛的面花技艺有所耳闻，无论谁家需要面花，都会来找她做。就连韩城、西安举办的民间祭祀活动，也都是从她这里定做面花。

　　"八百里秦川尘土飞扬，三千万秦人齐吼秦腔。端一碗粘面喜气洋洋，没喝辣子嘟嘟囔囔。"这首民谚既道出了关中平原的人文地貌，也道出了面粉在陕西扮演的至关重要的角色。一屉屉精美的面花是陕西妇女们热爱生活的见证，体现了陕西人民对美好生活的无限祈盼。

 刘梅梅

面花

安塞腰鼓

天安门前打腰鼓

黄土高原孕育了许多非物质文化遗产，极具民俗风格和地域特色的安塞腰鼓在此传承和发展已有 2000 多年，它是我国北方黄河文化的重要组成部分，以其豪迈粗犷、刚劲奔放、气势磅礴而闻名天下。

陕西省延安市安塞区的老人曹怀荣，是安塞区首位国家级腰鼓非物质文化遗产代表性传承人。他的侄子曹元亮每每提起曹怀荣，就会眼眸发亮，目光中充满敬意，感谢伯父这个狂热的"腰鼓迷"为他开启了鼓手生涯。小时候，他特别爱听父辈们的腰鼓故事，尤其是伯父的故事。

1951 年国庆来临之际，曹怀荣与邻村二十多个鼓手商量去天安门广场打腰鼓献礼。当时，曹怀荣动员大家说："毛主席带领人民取得了革命的胜利，过上了好日子，哪怕是走，也要把腰鼓打到天安门！"在曹怀荣的鼓舞下，所有鼓手备好干粮，开始了长途跋涉的征程。半路上，不断有人因体力不支而病倒，不得不放弃前进。最后，曹怀荣和十几个鼓手凭借着坚强的意志，终于来到了天安门广场。

当看到毛主席等领导人出现在主席台上时，曹怀荣身上的疲惫一扫而光。随着锣鼓齐鸣，这些头系羊毛巾、身着素衣的汉子们两手执槌，跟随领头鼓手的哨音变换动作和队形，时而散开，时而聚拢，动作威猛刚烈、流畅飘逸，令人叫绝。后来，每当有人问起他这次经历，曹怀荣总会不厌其烦地说："虽然苦，但这一切都值了。"

老人家常常嘱咐曹元亮，腰鼓打得好，必须有"四劲"，即打鼓要有狠劲，

踢腿要有蛮劲，转身要有猛劲，跳跃要有虎劲。要好好打腰鼓，争取有一天再把腰鼓打到天安门广场去。

在伯父的耐心教导和鼓励下，曹元亮经过层层选拔，克服万难，最终获得了为国庆 50 周年庆典献礼的机会。在天安门广场，上千名鼓手同时进行表演，场面极其震撼。其中，斗鼓是最振奋人心的环节。曹元亮和其他鼓手们情绪高涨、热情奔放，动作刚劲洒脱，犹如龙腾虎跃，矫健的身躯舞动着尾系红色飘带的鼓棒，用嘹亮豪迈的嗓音吼出一个个燃烧的生命。

曹家第三代鼓手是身为 90 后的曹亚飞，他深受父辈影响，从小酷爱腰鼓，参加了国庆 60 周年和 70 周年庆典活动。现在，他开始期待自己的儿子以后也能继承打腰鼓的传统，世世代代为祖国的繁荣富强呐喊喝彩。

安塞腰鼓

　　一片高粱地前面是一群闹腾腾的后生。他们的鼓声，从春秋战国的古战场一直传到新时代；他们的舞步，从黄土高原的山坳大步跳向新世界；他们的精气神，从腰鼓手身上迸发，感染了千千万万中国人。

■ 刘梅梅

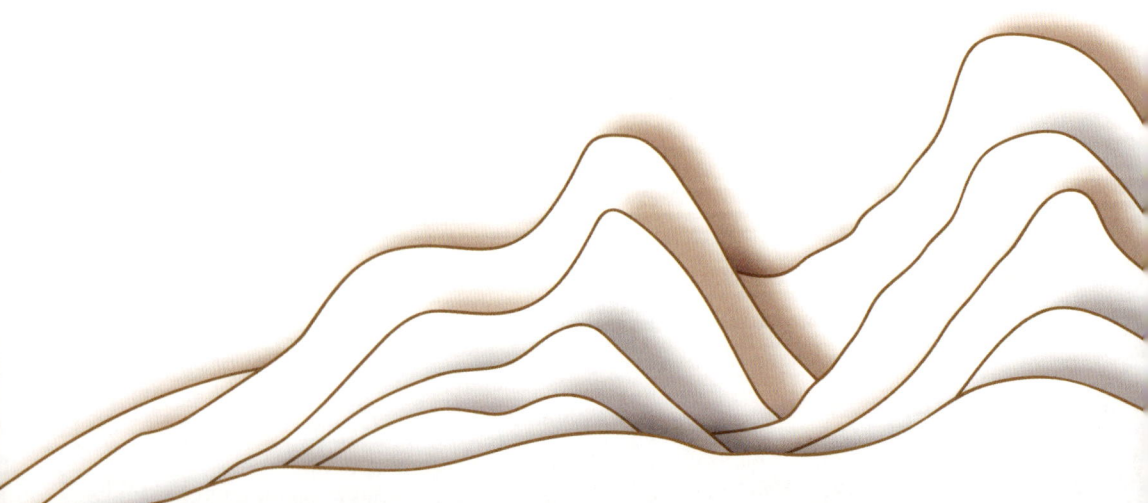

陕西 · 人物

导 言

"南方才子北方将，陕西冷娃排两行"，这是外省人对陕西人的印象。这里所说的"冷"并不是没有人情味的冰冷，而是指陕西人生性寡言少语，说话办事喜欢直来直去，表现出来的是一种内敛的生活态度，而"冷"的背后则是陕西人火热的内心与坚毅、实干的品格。

历史上，陕西作为千年古都、革命圣地，杰出人物可谓是数不胜数。今天，我们向大家介绍八位人物，他们或是陕西人的杰出代表，或在陕西取得了重大成就，他们在不同时代、不同领域为中国历史图卷增添了绚烂色彩。

上古时期，被后世尊为"人文始祖"的黄帝一统华夏，在东亚大陆上唱响了一个伟大文明的前奏；黄帝的左史官仓颉留下"仓颉造字"的传说，如今我们日常使用的汉字，蕴藏着数千年前古人对宇宙的探索与思考。

西汉时期，化悲愤为动力的司马迁创作出"史家之绝唱，无韵之离骚"的《史记》。从此以后，"青史留名"成为对无数仁人志士一生功绩的褒奖。

唐宋时期，"药王"孙思邈终其一生为医学奉献，救济黎民，展现了医者仁心的大爱；理学大家张载发"为天地立心，为生民立命"的宏愿，体现了儒家学者令人钦佩的家国担当。

在当代，身染重病仍然坚持写作的路遥，创作出激励万千青年勇敢生活的《平凡的世界》；用信念写作的陈忠实，谱写了陕西关中的宏伟史诗——《白鹿原》；二十年磨一剑，"当代后稷"李振声培育了远缘杂交小麦，向世界喊道："中国人能养活自己！"

正是在陕西练就的不屈与坚韧，使他们无论面对怎样的磨难都能从容不迫，在历史长河中留下了浓墨重彩的一笔。

让我们通过故事走近这些人物，共同收获智慧与启迪，照亮前行之路。

轩辕黄帝

华夏始祖

黄帝，姓公孙，名轩辕，是上古时期有熊氏部落的首领，生活在黄河流域，被尊奉为中华民族的"人文始祖"。传说，黄帝出生后没多久就学会了说话，从小到大一直十分聪颖。黄帝成为部落首领以后，利用自己的聪明才智，教会了族人播种五谷、建造房屋、使用草药，发明了舟车、衣裳，他的妻子嫘祖发明了养蚕织布，他还命左史官仓颉发明了文字。在黄帝的带领下，有熊氏部落日渐强大，成为中原大地上一股蓬勃发展的力量。

那个时候，中原各部落互相攻伐，战乱不止，百姓遭受了很大的苦难，而作为诸侯之长的神农氏部落逐渐衰落，无力干预。黄帝于是乘时而起，他训练军队，打败了那些骄横的部族。他还善待百姓、安抚黎民，其他部落看到后纷纷归附黄帝。此时，神农氏部落的首领是炎帝，他也是一位十分贤德的君主。传说，他亲尝百草，发明医药，救治生病的百姓；制作耒耜，大大提高了农业生产的效率；发明陶器，方便人们加热、贮存食物，大大改善了部落民众的生活条件。有熊氏部落的崛起挑战了神农氏的权威，于是黄帝和炎帝在阪泉（今一说在河北，一说在山西，一说在河南）爆发了战争，经过三次大的战斗，黄帝取得了最终的胜利，取代了神农氏，诸侯从此都听命于黄帝。

阪泉之战后，有熊氏部落与神农氏部落逐渐融合为华夏部落。此时，南方九黎部落的首领蚩尤作乱，不遵从黄帝的命令，黄帝于是率领各路诸侯，出兵征讨。传说，黄帝的大军与蚩尤的军队相遇在涿鹿（今一说在河北，一说在河南），黄帝九战都无法取胜。这时，战场上又大雾弥漫，三天三夜都无法散去。于是，黄帝发明了指南车，为军队指引方向，最后击败了蚩尤。涿鹿之战后，黄帝的威望达到顶点，被诸侯推举为天子，统治天下。

在黄帝尽心尽力的治理下，华夏部落进入了崭新的历史发展时期，并最终孕育出光辉灿烂的中华文明。因此，黄帝和炎帝被视为中华民族共同的祖先，直到现在中国人还常自称为"炎黄子孙"。

黄帝死后，葬在了桥山（今陕西省延安市黄陵县北部），他的孙子颛顼成为新的天子，颛顼之后的帝喾、尧、舜也都是黄帝的后代。黄帝的功德之高让后人念念不忘，对黄帝的祭祀也始终绵延不绝。黄帝刚去世时，他的大臣左彻就用木头制作了黄帝的雕像，诸侯都恭敬地将雕像供奉起来。战国时期，秦灵公也曾专门建庙祭祀黄帝。元封元年（公元前 110 年），

黄帝陵

汉武帝在出巡途中，率十几万大军来到桥山，亲自主持了祭祀活动。

2006 年，经国务院批准，黄帝陵祭典被列入第一批国家级非物质文化遗产名录。

现在，每年清明节期间，陕西黄帝陵都会举行公祭轩辕黄帝典礼，无数海内外中华儿女奔赴于此，共同谒陵祭祖，传承文明，振兴中华。

■ 翟子豪

仓颉

象形文字创造者

陕西省渭南市白水县有一座初建于汉代的庙宇，供奉的是传说中黄帝的左史官——仓颉。过照壁，穿山门，枝叶繁茂的古柏掩映着一座大殿，殿门两旁的木柱上写着一副楹联——天下文字祖，古今翰墨师。这是仓颉一生功绩的写照。

相传，上古时期的一个黄昏，人们正在野外劳作。突然，远处传来了奇怪的声音。只见金黄的天空中，飞来了数十只身披彩羽的大鸟，它们一边扇动翅膀，一边高声歌唱，像是在预示着喜事的到来。人们追随着大鸟的踪迹，发现它们在一户人家前久久盘旋。不久，这户人家里传来了婴儿的啼哭声。原来这里住着一对年轻夫妇，此刻他们的儿子降生了，而这个孩子就是仓颉。孩子的父亲抱着仓颉来到众人面前时，引起了一片惊叹，原来是这孩子的容貌实在太奇特了。他像小牛犊一般健壮，长得大头龙颜，最异于常人的是他双目重瞳（一个眼睛里有两个瞳孔）。

仓颉自小便表现出不同于寻常孩子的聪明，拥有过人的记忆力。在远古时代，人们最初靠结绳记事，大事打一大结，小事打一小结，相连的事打一连坏结。后来，人们开始在岩壁上作画，用图画的方式记录发生的故事。仓颉成为黄帝的左史官后，专门负责记录黄帝部落发生的大事。但随着部落愈发壮大，事情也愈发繁多，如祭祀神灵、诸侯会盟、收获粮食等，高效准确地进行记录也变得愈发困难，这促使仓颉必须想出更好的方法来完成史官的职责。

仓颉雕像

　　相传有一天，仓颉参加了部落的集体狩猎，走到一个三岔路口时，见到三位猎手在为走哪条路而争辩。一个人说东边有羚羊，一个人说北边有鹿群，最后一个人说往西可以追到老虎。仓颉一问才知道，原来他们认得地上的野兽脚印，所以才要往相应的方向追逐。仓颉猛然惊醒，既然野兽脚印可以代表这种野兽，那为什么不能用一种符号来表示相应的事物呢？

　　于是，他日思夜想，到处观察，看天上星宿的分布、地上山川的脉络、鸟兽虫鱼的痕迹、草木器具的形状，不断描摹绘写，从而造出种种不同的象形符号，定下每个符号所对应的事物，并且把这种符号叫作"字"。

　　日积月累，仓颉造的字越来越多，他把这些字献给黄帝，黄帝非常高兴，立即召集各部落的首领，命仓颉把这些字传授给他们，于是文字开始在中原大地上广泛使用。文字的出现使社会生产效率大幅提高，人们不必再通过口口相传的方式记录劳作和生活的经验，中华文明自此得以进入快速发展时期。

仓颉造字是一个美丽的传说，目前考古发现的中国最早的文字是殷墟甲骨文，这是一种刻在龟壳或兽骨上的文字，其体系已较为成熟。可以推断，在商代之前一定存在更加古老的处于初创期的文字。并且，中原大地上应该存在很多个"仓颉"，他们在社会实践中，共同创造了表意的象形符号。经过数千年的发展，这些符号逐渐演变为今天我们依然在使用的规范汉字。

■ 母冰玉

司马迁

史家之绝唱，无韵之离骚

天汉二年（公元前99年），一场飞来横祸降临到太史令司马迁的头上。

西汉初期，匈奴经常侵扰汉朝边境，掠夺人口。汉武帝继位后，便和匈奴展开了艰苦卓绝的战争。天汉二年，贰师将军李广利从酒泉（今甘肃省酒泉市）出发，攻打天山附近的匈奴右贤王。"飞将军"李广的孙子李陵率领五千步兵，从居延（今内蒙古自治区额济纳旗东南）出发，作为李广利军的援助，为之分散敌军兵力，结果在浚稽山（今阿尔泰山脉中段）遭遇了匈奴单于的八万骑兵。尽管李陵骁勇善战，在他的指挥下汉军击杀了数倍于己的敌人，但终因兵力不足加上军中出现叛徒，被敌人追赶多日后，李陵最终兵败投降。

李陵投降的消息传回长安后，汉武帝大怒，他认为李陵应该战死沙场，而不应投降被俘令汉军蒙羞。几天前还纷纷称赞李陵英勇的朝臣，此刻揣摩到武帝的心思，也纷纷谴责李陵不该贪生怕死，投降匈奴。此时，武帝问到太史令司马迁，想听听他对此事的看法。

司马迁与李陵没有私交，但他知道李陵为人忠厚孝顺、谦恭有礼，因而实在不愿罔顾是非、落井下石，便说道："大臣们都在指责李陵投降，甚至开始编造事实，诬陷李陵，真是令人痛心！李陵率领的步兵不满五千，深入敌人腹地，击败了数万敌人。在救兵不至、走投无路的情况下李陵仍亲冒矢石，奋勇杀敌，就算是古代的名将再世，也难以超过了。他虽然最终兵败，但他的累累战功也足以向天下人交代了。至于他不肯自杀殉国，应该是想诈降求生，以后再寻找合适的时机回来报效朝廷。"

贰师将军李广利是汉武帝已故宠妃李夫人的哥哥，武帝此次对匈奴用兵，目的正是让李广利立功，从而可以名正言顺地提拔他，让他成为李夫人儿子刘髆在朝中的靠山。不料，作为主力的李广利战果不佳，汉军伤亡惨重。

汉武帝此时怒气未消，他觉得司马迁为李陵辩护的目的是故意针对李广利，于是就给司马迁定了"诬上"的罪名，下狱审问。不久，司马迁被判了死刑。按照当时的法律，被判死刑而想要活命的话只有两种办法，要么上缴大量钱财，要么被处以宫刑。此时，司马迁的亲朋故交纷纷和他划清界限，唯恐他连累到自己。司马迁本人也难以凑出赎身的费用，但想到自己倾注毕生心血的史学著作尚未完成，只得忍受屈辱，以宫刑赎身。

后来，司马迁在给好友任安的信中写道："人固有一死，或重于泰山，或轻于鸿毛。"他认为，如果自己因畏惧受刑而草草赴死，那将死得毫无价值。从古至今，各个时代都出现过许多富贵之人，但随着时间的推移，他们的姓名淹没在历史的尘埃中，再也无人问津。司马迁追求的不是一时一世的虚名得失，他要通过"究天人之际，通古今之变，成一家之言"，为万世史学留下不朽的典范，要用文字让自己永远活在中华民族的记忆中。

司马迁广泛收集史料，博采各家之言，秉笔直录，历经十四年，最终完成了中国历史上第一部纪传体通史，记载了从黄帝时代到汉武帝晚年共计3000多年的历史。起初，这部皇皇巨著被称为《太史公书》，后来改称《史记》。《史记》作为"二十四史之首"，被鲁迅先生称赞为"史家之绝唱，无韵之离骚"。

伟人之所以伟大，是因为他们从不轻言放弃，能够以顽强的意志对抗

命运的考验。司马迁面对宫刑的屈辱，化悲愤为动力，成就了史学伟业。陕西韩城司马迁祠楹联"刚直不阿，留得正气凌霄汉；幽而发愤，著成信史照尘寰"是对他一生最好的评价。

■ 徐梓翔

司马迁祠

孙思邈

命逾千金，大医精诚

唐朝初年，一位郎中到远处出诊，当他经过一个村口时，正巧碰到几个人抬着一口棺材，行色匆匆地向村外走去，后面还跟着一些送葬的人，场景甚是凄凉。当抬棺队伍从他身前经过时，郎中惊讶地发现棺材底部竟还在往外滴着鲜红的血液。

郎中没有片刻犹豫，拦住他们说道："棺中是什么人？可能还有救！"一个男子看到有人这么说，连忙答道："是我的妻子，昨天夜里生孩子难产死的，孩子也没生下来。你说人还有救是真的吗？"郎中说："人死之后，血是黑青色的，我看到你妻子棺材底下的血液是鲜红的，说不定还能救回来！"

说着，众人连忙打开棺盖，只见里面躺着一位脸色苍白的年轻妇女，郎中伸手摸了摸她的手腕，不出所料，脉搏还有微弱跳动。

郎中拿出随身携带的银针，找准妇人胸口的穴位，将银针扎了进去，并不断捻针，刺激穴位。还没等银针拔出，就听得婴儿呱呱啼哭，妇人也缓缓睁开了双眼。

众人看到这样的画面，无不感到惊奇，纷纷称赞他是神医下凡。男子更是不停道谢，郎中答道："你们不必谢我，救死扶伤是医者天职，你们快把孩子和大人送回家好好调养吧。"说罢便离开了。

这是一则民间流传的故事，而这位郎中便是唐代医药学家，被后人誉

孙思邈像

为"药王"的孙思邈。

孙思邈出生于雍州华原县（今陕西省铜川市耀州区），一生致力于医学研究。他在阅读医学著作的过程中，不断汲取前人智慧，同时又将其与自身多年的临床实践经验相结合。孙思邈著述丰富，其中以《千金要方》《千金翼方》影响最大。

孙思邈认为，生命的价值贵于千金，而药方若能救人于危殆，价值当更胜于此，因此两篇著作都以"千金"为名。

孙思邈关心百姓疾苦，处处为病人着想，对前来求医的人，不分高低贵贱、贫富老幼、亲疏远近，皆一视同仁。他因高尚的医德，成为后世医者的楷模，同时也为民间百姓所尊崇。

命逾千金，大医精诚。唐太宗李世民曾称赞孙思邈："凿开径路，名魁大医。羽翼三圣，调合四时。降龙伏虎，拯衰救危。巍巍堂堂，百代之师。"宋徽宗赵佶后来敕封其为"妙应真人"。明清时期，孙思邈总结搜集的药方仍在民间广为流传，在治病救人中发挥了极大的作用，百姓因此将其称为"药王"。

■ 徐梓翔

张载

为天地立心，为生民立命

天禧四年（公元 1020 年），张载出生于京兆府长安县（今陕西省西安市长安区）。当时，党项人崛起，建立西夏国，并常年侵扰宋朝边境，对宋朝的西北边防造成了极大的威胁。宋太宗曾出兵讨伐西夏，但以失败告终。宋真宗继位后，为了安抚西夏，换取和平，向其割让了一些土地。

仁宗景祐二年（公元 1035 年），张载的父亲在涪州（今重庆市涪陵区）去世。张载扶棺回乡，因弟弟年幼，不便长途跋涉，于是便寓居在如今陕西省宝鸡市眉县横渠镇。陕西当时濒临西夏，是军事防御的前线。在此环境的影响下，张载喜欢谈论军事，甚至打算与结交的豪侠一起组织义军，收复被西夏占领的土地。

康定元年（公元 1040 年），西夏挑起战争，发兵包围了延州（今陕西省延安市），宋军增援部队在抵达延州西北的三川口时，遭遇了西夏军队的埋伏，损失惨重，几乎全军覆没。

次年，西夏再度来犯，宋军在西夏军佯败后轻敌冒进，结果又中了埋伏，在好水川（今宁夏回族自治区固原市附近）全军覆没。

三川口之战和好水川之战的接连失利极大地刺激了大宋君民，消息传回后，举国哗然。血气方刚的张载也难以忍受此种奇耻大辱，他愤然写下《边议九条》，陈述自己对于西北军事用兵的思考，希望能够得到朝廷的重视。

　　一天，张载来到陕西经略安抚副使范仲淹的军衙外，呈上《边议九条》，请求与范仲淹见面。范仲淹读过后，大为惊奇，命人将张载请进衙中。面对名满天下的范仲淹，张载落落大方，侃侃而谈。范仲淹是个大儒，他看着眼前这个年轻人，感觉他将来必定能成大器，并认为他应该通过科举实现自己的抱负，于是劝他多读儒家经典。

　　临别之际，范仲淹又特别勉励张载多读《中庸》。张载深研《中庸》后，仍觉得未将学问吃透。于是，他又广泛地阅读佛家、道家的典籍，长年累月地究极其说，丰富的阅读开阔了张载的视野，使其能将各家学说融会贯通。

　　嘉祐二年（公元 1057 年），张载赴京应考，进士及第。候诏待命时，他在汴京（今河南省开封市）相国寺讲授《易经》，遇到了年轻儒生程颐

张载雕像

和程颢，在与二程交谈后，他大受启发，更加笃定了儒学信仰。

张载初为祁州（今河北省保定市安国市）司法参军，后为云岩（今陕西省延安市宜川县境内）县令。为政期间，他秉公为民，政令严明，重视道德和教育。每月初一，他就在县衙置办酒食，招待县里年事已高的老人，并且亲自敬酒，通过身体力行的示范，让人们养成尊老的习惯。

后来，张载的弟弟张戬因反对王安石变法而被贬，同样反对变法的张载觉得自己可能也要受到牵连，于是便主动辞官，回到横渠。在秦岭太白山下，他"俯而读，仰而思""半夜坐起，取烛以书"，与天地心灵对话，最终创立了"关学"，被世人尊称为"横渠先生"。

"为天地立心，为生民立命，为往圣继绝学，为万世开太平"是"横渠先生"张载一生的追求，他坚持真理、不畏强权的气节和风骨影响着一代又一代关学后人。作为宋代理学的重要一脉，关学提出的朴素唯物论哲学体系对古人认识世界、了解社会发展变化规律具有非凡的价值，其效法圣贤的研学理想与尊礼贵德、乐天安命的精神境界是陕西乃至中国历史上极其珍贵的精神财富和文化资源。

■ 徐梓翔

路遥

存信念于平凡世界

路遥是陕北土生土长的文学奇才，提起路遥，熟悉他的人无不赞叹道："那可是个厉害的人，别看他日子过得苦，那肚子里可都是墨水，我们田里乡间都知道《平凡的世界》！"在《平凡的世界》之前，他的小说《人生》也广受好评。说起路遥的创作之路，这里有一段被时光封存的故事。

《人生》发表后，路遥名声大噪，记者、亲朋好友接踵而至。看着踏破门槛的拜访者们，路遥陷入了沉思。20世纪80年代，中国文坛上各种文学创作新思潮层出不穷，相比之下，传统现实主义创作受到了冷落。是坚持现实主义的写法，还是转变写作思路，迎合广大读者、跟随时代潮流？苦恼、纠结和迷茫一时间缠绕着路遥，他不知何去何从。这时，路遥想起了家乡的一个地方——毛乌素沙漠。对路遥来说，那里是个不一样的地方，于是他决定去毛乌素沙漠看看，希望在广袤的沙漠里可以找到自己想要的答案。

毛乌素沙漠在陕西省榆林市与内蒙古自治区鄂尔多斯市之间，那里沙丘连绵，烈日灼灼，枯黄的沙漠一望无际。路遥在沙漠中漫无目的地走着，偶尔能看到一两株顽强的白杨，扭曲着向天空伸展，沧桑而凄凉，有一种无法言说的震撼。

翻过一个沙丘，前方的沙漠生长着一些稀疏的杂草，路遥躺在沙漠中的这一点点绿色旁，仰望着高远的苍穹，感受着吹过头顶的微风。他感觉自己的心完全宁静了下来，自己仿佛与沙漠融为一体，人类、社会、国家，

这些宏大的命题此刻显得苍白而渺小，世界仿佛只剩毛乌素，一颗颗沙粒见证着数不尽的时间。

毛乌素沙漠之旅让路遥看清了自己心中的答案。陕北这片土地承载了太多的挣扎与苦难，生活在这里的人们对生的渴望与信念，在命运中的不屈与挣扎让路遥觉得自己有责任将这些故事记录下来。对他而言，写作不仅是职业与谋生的手段，更是他人生的使命与价值。怀着这种决心，路遥踏上了归程，开始了他的创作。

此后，路遥度过了六年枯燥、忙碌却充实的生活，他忙着收集资料、阅读书籍、外出走访、呕心沥血、昼夜颠倒地创作故事。此时他自己的身体仿佛已经不存在了，他的灵魂完全进入了故事人物的精神世界中。

1986年，《平凡的世界》第一部正式出版发行。这部书以生活在黄土高原上的孙少安和孙少平两兄弟为中心，描绘了中国20世纪70年代中期到 80 年代中期，社会各阶层中普通人的形象，展现了普通人在时代变革中的爱恨与抉择、挫折与追求，体现了陕北人的坚毅顽强。

1988 年，《平凡的世界》在中央人民广播电台以广播剧的形式一经播出，便引起了巨大反响。无数听众每天中午准时打开收音机，心弦被剧中人物的离合悲欢紧紧牵动。中央人民广播电台播出结束后，十几个省市的地方电台陆续开始重播，《平凡的世界》获得了越来越多人的关注与喜爱。后来，《平凡的世界》还被改编为电视剧在中央电视台播出，引起了广泛的社会讨论。

1991 年，《平凡的世界》获得中国文坛的最高奖项——茅盾文学奖。

对于广大民众来说，路遥的作品不仅仅是一座文学丰碑，更呈现了一个个鲜活的人。作为土生土长的陕北人，路遥将陕北的朴实与热忱一并展现给每一个在书中寻找共鸣的读者。

■ 王娜

陈忠实

白鹿原上的鲜活文学

陈忠实是中国当代著名作家，他一生低调，大部分时间都躲在西安市灞桥区西蒋村老家的旧屋里写作。从小到大的农村生活让他积淀了丰富的人生经验，因而能够创作出《白鹿原》这样的史诗巨著，而《白鹿原》的创作，也经历了一番波折。

传说，西周灭亡后，周平王在东迁洛阳的途中见到一只白鹿，因此将这个地方命名为"白鹿原"。陈忠实生活的蒋村就在白鹿原之上，偶然的机会，他看到了当地的县志，其中厚厚的"贞节烈女"部分引起了他的注意。县志对这些女人的记载千篇一律，都是出嫁后丈夫早死，孀居在家的她们尽心侍奉公婆、抚养幼子，终生守节不嫁。在漫长岁月的洗礼后，族人会为她们在当地立一座"贞节牌坊"，用以表彰她们的忠贞不渝。

看着县志中密密麻麻的贞节烈女，陈忠实心中生出了强烈的同情与愤慨。一个个鲜活的生命，被传统社会强加的、不符合人性的道德要求束缚着，她们用一生的岁月换回一座毫无用处的牌坊和县志上几寸见方的记载，到死都没有决定自己命运的权利。想到这里，创作一部反映过去白鹿原生活的作品的念头在陈忠实脑海中产生了，甚至在蒙胧中，一个传统女性的身影也远远地向他走来，这便是后来《白鹿原》中最令人唏嘘的角色——田小娥。

不久后，陈忠实安顿好妻子，一个人回到了祖宅，开始闭关写作。《白鹿原》以虚构的白鹿村为背景，讲述白、鹿两大家族祖孙三代间的恩怨纷争，表现了从清朝末年到 20 世纪 70 年代半个多世纪中陕西关中农村的社会变迁。

陈忠实为《白鹿原》编织了庞大的人物关系图谱，每个角色都有血有肉，并含有特定的时代隐喻，凝结着陈忠实厚重的时代思考。当他写到田小娥最后的悲剧结局时，他的情绪突然有些失控，眼前发黑，气血上涌。于是他停下笔，缓了好半天，忍不住从桌子上拿了一张纸，写下"生得痛苦，活得痛苦，死得痛苦"作为对田小娥一生的评价。此时，他已经完全进入了"疯魔"的状态，这种状态后来伴随他写作的整个过程。在全书将近结尾时，一个个悲剧人物都走向了死亡，他也开始整夜整夜地睡不着觉。经过四年的创作，陈忠实终于完成了《白鹿原》。

完稿掷笔后，他恍惚许久，走出屋子，走上了灞河的河堤，坐在河堤上燃起一根烟。远处一团干草漂流而下，随着西风，顺着河流渐渐漂去。

《白鹿原》话剧表演

之后，他走回家，把收音机的声音放到最大，里面是秦腔名家的唱段。接着，他把家里所有房间的电灯都打开，整个院子亮堂堂的，半个村子都能听见他家里传出的乐曲声。过了几天，陈忠实整理好稿件，寄给了出版社。

1993 年，《白鹿原》一经出版就广受好评，在出版后的短短 5 个月内，就先后 6 次加印，印数达到 60 万册，至今总发行量已超过 400 万册。

1998 年，《白鹿原》荣获中国长篇小说创作最高荣誉——茅盾文学奖。

《白鹿原》为中国当代文学画上了浓墨重彩的一笔。对于陈忠实来说，创作《白鹿原》，艰苦的不是环境，而是内心的挣扎。幸运的是他成功了，白鹿原上的沧桑巨变、悲欢离合被他记录在书里，如丰碑一般立在人们心中。

■ 王娜

李振声

当代后稷

从古至今，小麦一直是我国主要的粮食作物之一。受气候影响，小麦主要分布在我国北方地区，如今约占全国粮食种植面积的五分之一。

中国是世界上最大的小麦生产国，如今年产量在 1.3 亿吨以上。能取得这样的成就，离不开一个人在小麦育种技术上的勤奋钻研，这个人就是李振声。

1931 年，李振声出生于一个农民家庭。小时候因为家庭贫困和灾荒盛行，他经常要忍受饥饿，这也使他深知挨饿的滋味不好受。

1951 年，李振声从山东农学院（今山东农业大学）毕业之后，被分配到北京的中国科学院遗传选种实验馆。在此期间，他跟随土壤学家冯兆林从事种植牧草改良土壤的研究。

1956 年，他响应国家支援大西北的号召，主动从北京调到位于陕西杨凌的中国科学院西北农业生物研究所工作，开始了小麦育种研究。也是这一年，中国经历了严重的小麦条锈病大流行，许多麦田减产甚至颗粒无收。面对这样一个世界性难题，李振声下定决心要为农民培育出品种优良的抗病小麦。

根据自己多年研究牧草的经验，他想到将牧草与小麦进行远缘杂交，把牧草的抗病基因转移到小麦身上。在与植物学家闻洪汉和植物病理学家李振岐探讨后，李振声开始对远缘杂交进行深入研究。

　　远缘杂交小麦的研究从开始到取得有效成果,李振声差不多花了二十年时间。他在种类繁多的牧草中,筛选出一种名为"长穗偃麦草"的牧草,尝试用杂交的方式把牧草中的抗病基因转移给小麦。但这说起来容易,做起来却非常困难。为了克服长穗偃麦草和小麦花期不同的难题,他和同事们一起倒时差,晚上用灯光照射牧草来延长光照时间,这才成功将长穗偃麦草的花期提前了两个月,而这样一做就是八年。

　　在牧草和小麦的杂交过程中,如果小麦遗传到牧草只长叶子不结果实的基因,那就培育不出任何种子。有时候,培育出的杂交种子看着很好,但是下一代就变得面目全非,这就需要进行大量的细胞遗传学分析和研究。

李振声(左)与农民白景元

1964 年夏天，小麦成熟前阴雨连绵。到了 6 月 14 日，天空突然放晴，在高温暴晒下，仅在一天之内，几乎所有麦穗的籽实还没长饱满就干浆枯萎了。就在李振声为这些试验品感到惋惜的时候，他欣喜地发现了一株叶片金黄、种子饱满的小麦。

他觉得这株小麦十分难得，之后对它进行了两次杂交改良，培育出一个抗病且耐强光和高温的优良品种，取名为"小偃 6 号"。后来，这个品种在陕西省进行了大面积推广。到 1988 年，小偃 6 号累计推广 5400 万亩，增产小麦 32 亿斤，在实现小麦产量增长的同时，也证明了小麦远缘杂交设想的正确。现在，小偃 6 号的衍生品种达到 50 多个，累计推广 3 亿多亩，增产小麦超过 150 亿斤。

用二十年培育出一个品种系列的时间看似很长，但若要通过自然遗传的方式产生新的品种，可能需要上千年才能实现。二十年磨一剑，李振声潜心进行小麦远缘杂交育种研究，将其研究成果播种在中国广阔的土地上，同时也给世界粮食育种工作提供了重要经验。2005 年 4 月，在博鳌亚洲论坛上，李振声对曾任美国农业部政策顾问的莱斯特·布朗的文章《谁来养活中国？》进行了回应，掷地有声地说道："中国人能养活自己！"

2006 年，李振声获得中华人民共和国国家最高科学技术奖。

■ 张平贵

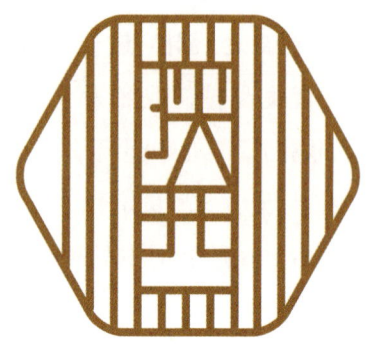

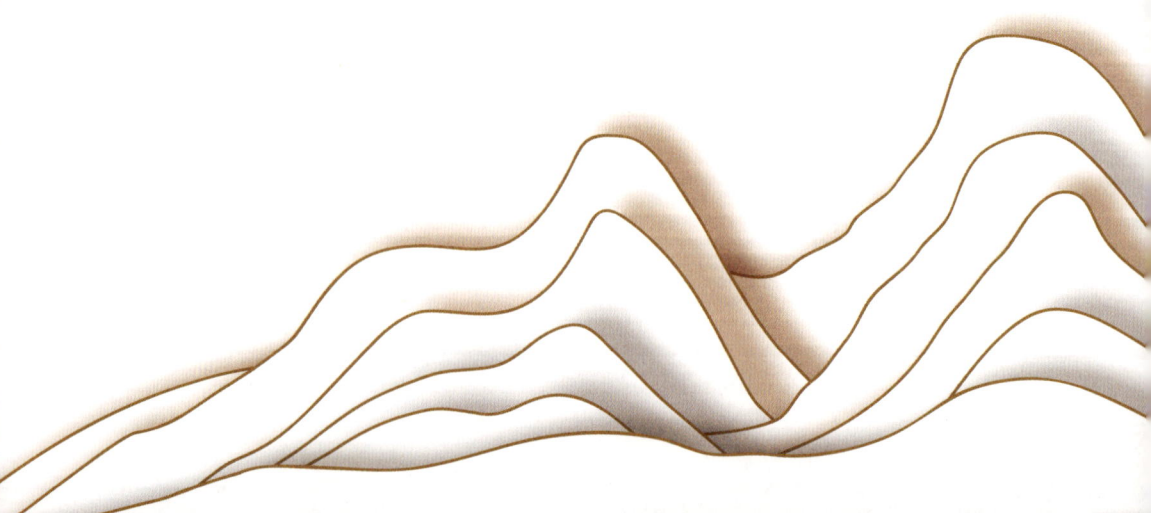

陕西 · 成就

导　言

悠悠数千载，勤劳的陕西人民创造了许多辉煌的成就，这些成就的取得离不开陕西丰厚的历史文化积淀，离不开陕西独特的自然地理资源，更离不开陕西人民自强不息、勤劳奋进的精神。

那么，勤劳智慧的陕西人民创造了哪些伟大成就呢？

世界上最早的"高速公路"——秦直道，南起陕西咸阳，北至内蒙古包头，绵延700多千米，汇聚了我国秦朝劳动人民的坚强意志和聪明智慧；以西安为起点进而联结中亚、西亚和地中海各国的丝绸之路，促进了东西方经济文化的交流发展，体现了中国人民开阔的眼界与胸怀；郑国渠造就了八百里秦川的物产丰饶，是中国最早的大型无坝引水灌溉工程，惠及苍生，泽被后世，体现了中国古人的伟大智慧。

以计算为中心，密切联系实际，致力于解决人们生产、生活实际问题的《算经十书》总结了我国唐代之前的数学成就，成为当时国家级数学教科书，体现了中国人民的务实精神。汉武帝建立了作为汉代国家最高学府的太学，为西汉的强盛提供了智力支持。此后，儒家的学术精神与理想指引着世代读书人为国家富强而努力奋斗，体现了中国人的报国情怀。

以"公诚勤朴"为校训的西北联大，是抗战烽火中的一段传奇，体现了中国知识分子勇担民族和国家发展使命的自觉自励；连接中国与欧洲的"长安号"中欧班列，不仅推动着陕西的超越发展，也造福了"一带一路"沿线国家和地区的民众，体现了中国的人类命运共同体意识与大国担当。

如今，陕西富平的村民充分发挥劳动智慧，将当地的柿饼产业推向了新的高度，实现了脱贫致富；陕西人民共同努力，在新时代打造了以大唐不夜城为代表的美丽西安！

现在，就让我们一起去探索这些伟大成就吧！

秦直道

高速公路之祖

在中国古代，有一条穿横山、跨黄河，从咸阳西北直达如今内蒙古自治区包头市的"高速公路"——秦直道。如果说，长城像一张巨大的弯弓，捍卫着古代中华文明的话，那么秦直道就是弓弦上一支锋利的箭。

秦直道距今有2200多年的历史。公元前212年，秦始皇嬴政命令大将蒙恬负责修造直道。这条直道何时修建完成并没有明确记载，但在建成之后，供世人使用了1000多年，直至清朝才逐渐退出历史舞台。

蒙恬出身于名将世家，从小就受家庭环境和秦国尚武风气的影响，有着从军报国的志向。公元前221年，蒙恬作为将军，率领军队攻打齐国。灭齐之后，其忠心和英勇得到了秦始皇的认可，被封为内史，掌管咸阳及周边地区的政务。

当时，北方的匈奴不时侵扰秦朝边境，掠夺人口和财产，河套地区的百姓苦不堪言。于是秦始皇便派蒙恬率兵攻打匈奴。就这样，蒙恬率领着浩浩荡荡的数十万大军向北方出发，这一次他同样不辱使命，成功将匈奴驱赶到阴山以北。

为了防范匈奴以后再度侵犯中原，蒙恬在战国时燕国、赵国和秦国长城的基础上修建了西起临洮（今甘肃省定西市临洮县）、东至辽东的万里长城。长城修筑完成之后，他在上郡（今陕西省榆林市附近）镇守北方，以保证边境的和平稳定。

后来，秦始皇想要巡游天下，随即命令蒙恬修建一条能够连通都城咸阳和北方边境的直道。望着群山连绵的子午岭山脉，蒙恬决定放弃两侧现有的河谷道路，把直道建在子午岭的山脊上。这样一来，道路修好之后可以占据地形上的制高点，方便控制两侧稍低的河谷。另外，在修建道路时还能利用百姓平时在山上通行形成的林间小道，大大减少工程量。

在直道修建的过程中，蒙恬还听从了工匠的意见，把黄土炒熟之后铺到路上，然后再往熟土里加入大量石灰，这样道路就像现在的混凝土一样坚固。并且，由于黄土里添加了碱，草木的种子便无法在道路上生长了。

可惜的是，蒙恬并没有看到直道全部修成后的样子。公元前210年冬天，秦始皇在出游途中患病，不久之后病死在了沙丘宫（今河北省邢台市广宗县西部）。奸臣赵高担心公子扶苏继位，下令封锁了秦始皇的死讯，并与

秦直道遗址

秦直道遗址

公子胡亥、丞相李斯等人密谋篡夺帝位。他们制造了虚假的遗诏，赐死了在外镇守边疆的扶苏和蒙恬。

虽然秦朝二世而亡，但秦直道对后世产生了深远的影响，在历史上不仅发挥了军事防御功能，同时也成为北方草原文明与中原农耕文明交流的纽带，增强了国家统一的向心力。如今，在陕西大地上见证过众多王朝更迭变迁、此兴彼落的秦直道已成为国家重点文物保护单位，离它不远的地方，当代的高速公路正见证着中国令世界瞩目的建设发展。

■ 张平贵

郑国渠

富庶关中的千年工程

在广阔的关中大地上，流传着这样一首民谣："九曲泾河弯，冲出龙口入泾渠。灌溉良田难计数，郑国仪祉恩不忘。"这首民谣歌颂的是流淌千年的郑国渠和它的设计者郑国。

公元前 246 年的一天，在韩国通往秦国的路上，一个人眉头紧锁地向着秦国的国都走去。此人正是郑国，他望着前方日益强大的秦国，不禁为自己的国家感到一丝悲哀。郑国回想起三年前的场景，当时秦国丞相吕不韦率领的军队在攻打完东周国之后，又马不停蹄地继续攻打韩国。韩国国君桓惠王听到消息后，顿时急得像热锅上的蚂蚁，他深知自己无法与强大的秦国抗衡，最后只能向秦国贡献土地和城池。

此事之后，韩国深深体会到了唇亡齿寒的道理，失去了东周国这个天然屏障，今后秦国可以轻而易举地攻打韩国。一天，郑国被桓惠王秘密召到身边，桓惠王让他去说服刚刚继位的秦王嬴政修建水利工程，借此机会大量消耗秦国的人力、物力和财力，从而使秦国无暇攻打韩国。

就这样，郑国带着桓惠王的计策出发前往秦国。站在秦国的朝堂上，面对着秦王嬴政的仔细询问，郑国说道："秦国在您的治理下一天比一天强盛，但秦国地处西北，降雨不多，农作物经常颗粒无收。而秦国若想兼并天下，就必须有充足的粮食供给军需。所以，当务之急就是要兴修水利，灌溉土地，增加农作物产量，这样才能早日实现统一大业。"

听完他的话，秦王来了兴趣，追问道："那你打算如何修建？"

郑国说道："修建一条水渠，从西边引泾河之水向东注入洛河，这样整个北边的土地都可以被灌溉。"

秦王权衡利弊后，最后决定采纳郑国的建议，并命令郑国主持修建。于是，郑国带领着工匠去考察泾河沿岸的地形。他们发现秦国北面是连绵的山峰，地形西北高、东南低，如果能利用好地势，修建水渠就可以达到事半功倍的效果。再加上泾河河水中含有大量从河流上游地区冲刷而来的泥沙，用这样的河水灌溉土地，可以冲刷掉土里的盐碱，使土地变得肥沃。

于是，郑国决定从泾河流经的仲山瓠口（今陕西省咸阳市泾阳县西北）开凿渠道，使泾河顺着地势向东一直注入洛河。但在实施的过程中，秦人发现工程进展缓慢，察觉到可能是韩国的阴谋，目的就是利用这样的大型

郑国渠泾河大峡谷

工程消耗秦国国力，使秦国不能东征韩国。

计划被发现后，郑国向秦王坦言道："臣的确是韩国派来的间谍，但若修好水渠，确确实实会给秦国带来好处。"秦王听完郑国的辩解，觉得有道理，便让他继续修筑水渠。

郑国花费十年的时间，在公元前 236 年完成了这一浩大的工程。这条水渠修成之后，配合着密如蛛网的灌溉系统，浇灌了关中地区的数万顷土地，改善了耕地条件，大大降低了自然灾害发生的频率，使关中成为沃野。秦国因此富强，最终统一了六国。为了纪念郑国的功绩，人们将这条水渠称为"郑国渠"。

郑国巧妙地利用了泾河泥沙含量高的特点，变害为利，为多沙河流的水资源利用树立了范例。后代的引泾工程是对郑国渠灌溉设计的传承，诉说着中国灌溉工程的沧桑历史。

■ 张平贵

太学

儒家的治国理想

文景之治后，汉武帝刘彻继位，年轻的武帝渴望大展宏图，为后世建立一番不朽的功业。于是武帝命令官员推举有见识的人才，他将通过策问，亲自对这些人进行考察。

董仲舒是景帝时期的博士，学问渊博，学子们络绎不绝地前来拜师求学。由于人数太多，董仲舒不能一一教授，新来的弟子就跟着资历深的师兄学习，以至于有的弟子拜师很久还不能见董仲舒一面。

这次，董仲舒被推举为贤良文学之士，见到了汉武帝。武帝问道："五百年来，想用古代圣王的办法来治理社会的君王有很多，但为什么总是失败，以至于国家灭亡呢？"

董仲舒答道："如果君王做了违背道德的事情，那么国家就会发生灾祸，这是上天对君王的警告。若君王还不醒悟，那么朝代灭亡将是必然的。但只要君王心中还有良善，上天还是会尽力帮助他的。"

沉思了片刻，他继续答道："君王想要百姓安居乐业，就要顺应天意，遵循治国的大道，儒家所倡导的仁义礼乐就是其中的工具。比如古代圣王用中和的音乐来感化百姓、移风易俗，音乐中蕴藏的美好情感就会渐渐地深入人心。就算圣王不在了，他的音乐依然会在民间流传。同样，国家衰败并不意味着治国的大道失效了，而是当权者没有很好地遵循它罢了。"

汉武帝听后，觉得董仲舒不同寻常，于是决定进一步考察他。

董仲舒像

汉武帝继续问道："舜帝无为而治，就可以天下太平，而周文王虽然达到了同样的目的，但每天忙到午后还顾不上吃饭。圣王的治理难道不是同出一源吗？为何一个如此安逸，一个如此劳累？商朝设立了很多残酷的刑罚，用以警示并惩治罪犯。周成王和康王不用这些刑罚，四十多年间天下没有犯罪的人，监狱空空荡荡。后来秦国采用了这些刑罚，犯罪的人反而越来越多，这又是为什么？"

董仲舒答道："当初尧帝继位的时候，忧心天下百姓，不贪图享乐，驱逐了奸邪小人，得到了舜、禹、稷等贤臣的辅佐。他们各司其职，于是政令畅通无阻地推行下去，天下大治，万民安乐。孔子说过，如果有圣王的话，一定得经过三十年才能实现仁政的理想。尧帝在位七十年，舜继承了他的事业，没有变更他的治国策略，因此可以无为而治。商朝末年，纣王残害忠良、虐待百姓，文王重用贤人、爱护百姓，收拾天下纷乱的局面，

因此才顾不上吃饭。他们一个安逸，一个劳累，只不过是遇到的时代不同罢了。"

接着，董仲舒又答道："圣王治理天下，重在给予百姓恩惠，培养人们的道德，之后才用刑罚来警示想要作恶的人，所以百姓知晓礼义和羞耻，成康之治的时候，监狱都空着。秦国则不然，以法家的思想治国，鼓励百姓疯狂追逐利益，完全不重视道德。虽然有严酷的刑罚，但在判罚时不考虑实际，使善良的人也不能免于刑罚，而作恶的人可能通过使用手段而逃脱制裁，因此人们都变得很虚伪。孔子说过，通过政令和刑罚治理百姓，百姓虽然会因遵守规则而不受处罚，但并不会产生羞耻心；通过道德和礼乐治理百姓，百姓不但会自觉遵守规则，而且会自觉改正错误。"

之后，董仲舒对汉武帝坦言道："陛下心系百姓、夙兴夜寐，如同上古的尧舜。如今暂时没有可以委以重任的人，是因为大批人才没有得到精心培养。因此，臣希望陛下设立太学，让名师任教，使天下有才能的人都能来此读书，而后选拔其中确实有真知灼见的才俊。"

策问结束后，董仲舒得到了汉武帝极大的赏识，武帝随即任命其为江都相，辅佐江都王刘非。刘非知道董仲舒是一位大儒，因此对他十分敬重，采用了他的许多建议用以治理江都国。

元朔五年（公元前124年），汉武帝在长安设立太学，设置五经博士讲授《诗》《书》《礼》《易》《春秋》等儒家经典，要求郡国举荐人才入太学学习。汉代之后，历代均设太学或国子学、国子监作为国家最高学府，培养了一大批精通儒家思想的人才，为我国古代的学术思想发展与政治人才的选拔作出了重要贡献。

■ 母冰玉

丝绸之路

中西文化的桥梁

后元三年（公元前 141 年），16 岁的汉武帝继承了皇位。当时，汉朝北方的匈奴经常南下侵袭边境，劫掠人口和牲畜，对汉朝的国家安全产生了极大的威胁。

在汉武帝继位之前，汉朝经历了几次大的动乱，百姓生活困难，国家无力发动大规模战争。无奈之下，皇帝只能通过让宗室公主嫁给匈奴单于的和亲方式来换取数年的边境和平。武帝无法忍受这种屈辱，他胸怀大志，一心想要击败匈奴。

汉初，敦煌（今甘肃省酒泉市敦煌市）附近有一个大月氏国，曾是匈奴的劲敌。后来随着匈奴的崛起，大月氏被匈奴攻破，月氏王的头骨被匈奴单于当作饮器，大月氏人远走西域。汉武帝此时希望借助大月氏对匈奴的仇恨，盼其与汉朝联合起来，共同攻击匈奴。

于是，汉武帝决定派使者前往西域与大月氏结盟。经过层层选拔，武帝身边担任侍从的张骞脱颖而出。建元二年（公元前 139 年），张骞率领一百多人的使团从长安出发，渡过黄河，进入河西走廊。

尽管使团一路上小心翼翼，还是不幸被匈奴骑兵发现，经过一番激烈的战斗，张骞等人寡不敌众，被抓到匈奴单于面前。此后，张骞被匈奴扣押了十一年之久。在此期间，匈奴人送给张骞一个女人作为妻子，这个女人为张骞生下了孩子。尽管在匈奴成了家，但张骞一直没有忘记自己的使命，他始终珍藏着汉使身份象征的符节，将其视为比自己生命更宝贵的东西。

后来，匈奴对张骞的监视越来越松懈，张骞因此趁机带着家眷和随从悄悄逃往大月氏。数十天后，张骞等人来到大宛国。大宛人早就听闻东方的汉朝富庶繁华，但因被匈奴阻隔，无法与汉朝通商。张骞承诺，如果将他送到大月氏，下次再来西域的时候，一定会奉上无数财物。大宛王十分高兴，派遣军队和向导为张骞开道，他们途经康居，很快便抵达大月氏。

大月氏迁来西域后，征服了咸海附近的大夏。西域土地肥沃，生活安乐，以至于仅过了几十年，大月氏人就没有了向匈奴复仇的心思。张骞在劝说大月氏攻打匈奴失败后，又在西域停留了一年多，处处留心观察西域的风土人情。后来，张骞启程返回汉朝，途中再一次被匈奴骑兵发现并扣留。过了一年多，匈奴单于去世，张骞趁匈奴内乱，一路跑回了长安。

丝绸之路上的驼队

张骞向汉武帝讲述了自己的遭遇，虽然联络大月氏共同抗击匈奴的使命没有完成，但他向武帝详细介绍了西域各国的方位、地形、风俗、物产。张骞告诉武帝，西域国家早就听闻大汉的富强，如果能同他们建立商业往来，并使其臣服于汉朝，那大汉的威德将广布于四海。

听了张骞的讲述，汉武帝非常高兴，拜张骞为太中大夫，以表彰其功绩，又增派了许多使者，展开一系列开拓西域通道的活动。元狩二年（公元前 121 年），大将军霍去病在河西之战中大败匈奴，使通往西域的道路更加安全。

前往西域的道路打通之后，汉朝与西域各国建立了良好的外交关系。葡萄、石榴、胡瓜等随着西域驼队的脚步传入汉朝，而汉朝的丝绸、茶叶

张骞出使西域

等也源源不断地运往西域，甚至远销波斯、罗马，这条遍布商旅的道路也被人们称为"丝绸之路"。

丝绸之路以如今陕西省西安市为起点，经河西走廊到新疆，再由新疆到中亚、西亚，最终抵达地中海各国。这条连接了东方和西方、蜿蜒曲折的道路，成为东西方文明沟通交流的桥梁和纽带，增强了中华文明与世界文明的交往和联系，为文明的互鉴发展发挥了重要作用。

■ 张平贵

算经十书

中国数学智慧

隋朝时，岐州雍县（今陕西省宝鸡市凤翔区）出现了一位神童，名叫李淳风。他聪慧好学，博览群书，小时候就对天文、历法和数学产生了浓厚兴趣。后来，李淳风进入秦王李世民的幕府，任秦王府记室参军。

贞观元年（公元627年），李淳风对傅仁均所著《戊寅元历》提出许多不同见解，参与讨论的人大多都支持李淳风，他也因此被提拔进入太史局。在这里，李淳风可以自由发挥自己在天文、算术方面的天赋。

相传某一天，李淳风在长安坊市中行走时被一位卖狗的商人叫住，商人认识李淳风，便想考一考他。商人说道："听说你数学知识十分渊博，我有一个问题，你敢尝试一下吗？"李淳风气定神闲，请商人继续提问。

商人问道："前几天，有几个人一同到我这儿来买狗，如果他们每个人出五文钱的话，还差我九十文钱。要是每个人出五十文钱的话，钱数则刚刚好。请问你知道有多少人来买狗，而狗的价格又是多少吗？"

李淳风思考片刻，回答道："这是一个典型的盈亏问题。当时应该有两个人买狗，狗的价格是一百文。"商人听到这个答案之后，连忙点头称赞，周围看热闹的人也对李淳风的数学能力赞叹不已。

显庆元年（公元656年），54岁的李淳风奉皇命审校并注释《算经十书》。这十部数学著作，被当时最高学府国子监选为数学教材，其中以成

书于汉代的《九章算术》最为重要。《九章算术》采用问题集的形式，收录了246个以当时农业社会的生产和生活为背景的数学问题。

在编校《九章算术》时，李淳风认真筛选了当时流传的不同注释版本，最后决定以魏晋时期著名数学家刘徽的注释本为范本。刘徽作注的版本，定义了许多数学概念，论证了书中的公式解法，提出了许多重要的方法和命题。美中不足的是，刘徽版本给出的推导和证明不够全面。

针对这个问题，李淳风决定把注释的重点放在题意和计算方法的解释上，他呕心沥血地为《九章算术》作了详细的补注，这极大满足了唐朝算术学科培养人才的需要。

李淳风在《九章算术》的注释中还记录了著名的"祖氏原理"，即两个高度相同的立体，如在等高处的截面面积相等，那么这两个立体的体积

古观象台

相等。这比西方相同的"卡瓦列利原理"早了一千年，体现了中国古代数学的先进水平。

《算经十书》全面总结了中国由汉代至唐代的数学知识，凝结着各代数学家的心血，它的出现标志着中国古代数学体系达到巅峰。经过李淳风的修订和注释，《算经十书》不仅成为唐代的官方数学教科书，还传入朝鲜、日本、印度，并通过丝绸之路远播欧洲，对世界数学的发展产生了深远影响。

■ 张平贵

西北联大

献身国家，赓续文明

1937 年 7 月 7 日，抗日战争全面爆发后，为延续学术血脉，保护中国高校师生不落入日本侵略者之手，北平大学、北平师范大学、北洋工学院三所高校与北平研究院迁往西安，组建西安临时大学。不久后，西安临时大学迁往陕西汉中办学，改名西北联合大学。1938 年后，西北联合大学陆续改组为包括西北大学在内的 5 所独立大学。

日军占领北平（今北京市）后，为了控制中国教育界，决定扣押一批中国学者，地理学教授郁士元就是扣押名单中的一位。身在北平的他为了躲避抓捕，白天出门时会戴上墨镜，压低帽子。当时，北平到西安的铁路还能通车，于是郁士元决定举家前往西安。但是，夫人廖秉珩卧病在床，不便长途跋涉，四个孩子中最小的一对龙凤胎，才刚牙牙学语。夫妻俩商量后，决定由郁士元带两个最小的孩子先走。

郁士元先到西安，后跟随学校来到汉中。在西北联大和西北大学，他教书育人、忠于职守，深受学生爱戴。随着太原、武汉的相继失守，日本侵略者对中国的蹂躏日益加深。身处西北的广大师生爱国热情高涨，许多教授纷纷发表文章，指出从历史角度看，中国必不会亡。因为每当外敌入侵，中国总会涌现出大批有识之士与民族英雄，凭借自身特殊的民族精神，取得最后的胜利。

1944 年，抗战愈发艰苦，长沙、衡阳失陷，日军兵锋威胁陪都重庆，大批爱国知识青年响应号召，报名参军。郁士元当时虽然已经 43 岁，但他觉得自己应该挺身而出，于是决定放弃大学教授的职务，参军入伍，上阵杀敌。家人劝他，他便说自己正当壮年，又在地理地质系教书，经常到野外考察，练就了一副好身板，理应为国效命。

之后，郁士元向汉中师管区提交入伍申请，这件事当即引起轰动。《大公报》报道："自知识分子从军运动成为风尚后，大学教授之申请入伍者，此为第一人。"

郁士元的行动更加激发了知识界、教育界参军抗战的热情，其他高校也出现以他为榜样要求参军的教授，更多的爱国学生加入了抗日队伍。最后，郁士元被授予少将军衔，在军中担任文职工作，负责抗战宣传，动员更多的知识青年从军报国。

抗战胜利后，他脱下军装，回到学校任教。1946 年，他也曾有机会回

西北大学

到北平工作，但在陕西生活的这些年里，他早已对这片土地产生了感情，于是便选择留在西安，直至中华人民共和国成立。

20世纪伊始，中国各所大学从肇建之日起，便与追求民族独立和国家富强紧紧联系在一起。抗战时期，黎锦熙、陆懋德、黄文弼、郁士元等教授连同一千多名学生，翻越秦岭，在汉中办学建校，不仅保存了我国高等教育的血脉，更以实际行动诠释了大学精神。这种学术追求与家国命运交相辉映的大学精神，融入中国各所大学的血液里，影响着一代又一代中国人。

■ 母冰玉

中欧班列

不同寻常的邮递员

邮递员想必大家都见过，但你可曾见过这样一位不同寻常的邮递员，他一次送件行程就是一次亚欧大陆之旅。

他是从 2013 年 11 月 28 日开始创业的，创业地点是西安国际港。刚开始，他一次要送 50 多个快递，每个快递都是巨大无比的铁箱子，这些箱子里装满了飞机零部件、汽车配件、轻工产品等。在派送服务中，如果只走陆路，最远能送到比利时的根特，但要是再加上一段海路，最远就能送到英国。

这位邮递员之所以选择在西安创业，是因为这里位于中国地理位置的中部地带，不仅能向西发展，开拓中亚和欧洲市场，还能向东辐射到全国各地。但是，创业难，创业初期更难。在起步阶段，他一年只跑了 46 单，收入压力巨大，但他还是决定咬牙坚持。山重水复疑无路，柳暗花明又一村。2018 年，邮递员长久以来的高品质服务，得到了越来越多商家的肯定，因而这些商家纷纷跑来与他签订新的合同，让他帮忙运输，他事业的春天来临了。

在接下来的几年里，邮递员打通了亚欧大陆从东到西的道路障碍，实现了快捷高效的服务。随着派件时间越来越短，他的派送范围也越来越广，他一路向西，走过哈萨克斯坦阿拉木图、西班牙巴塞罗那、德国汉堡……

邮递员并没有因为业务日益熟练而有所懈怠，他勤勤恳恳地完成客户交给他的各项任务。现在，他一般会先从中国拉一些家用电器、服装、鞋帽等日常用品或工业原材料去往欧洲国家，再从欧洲国家拉农产品、机电

设备等回来。在这一来一往的过程中，沿线地区人民的生活水平得到充分提升。2022 年，即使处在特殊的疫情时期，邮递员也没有停止工作，反而在做好疫情防护的前提下，积极为抗疫物资订单的配送而日夜兼程，不断开拓自己的事业版图，为沿线各国人民带来新福祉。

想必大家已经猜到了，这位神奇的邮递员就是中欧班列之一 ——长安号。中欧班列是中国开往欧洲的国际铁路班列，是连接我国与亚欧各国交通运输的主要纽带，长安号就是从西安始发的货运班列。由于过去陆上丝绸之路以骆驼为主要运力，这条线路就被亲切地称为"钢铁驼队"。如今，长安号不断增开班次、拓展线路，成为新时代丝绸之路的使者，满足了沿线各国的物质需求，加强了中外各国之间的友好文化交流。

■ 母冰玉

中欧班列

富平柿饼

脱贫致富的舌尖美味

陕西省渭南市富平县处在关中平原和陕北高原之间，传说大禹曾在此浇筑九鼎，后来人们取"富庶太平"之意，将此地命名为"富平"。

提起富平，很多人不禁会想到好吃的柿饼。富平是远近闻名的"柿饼之乡"，这里许多家庭以生产柿饼为主业。那雪白的糖霜裹着讨喜的橘红色果肉，咬下一口，晶莹的流心让人唇齿生香。然而，这里地处沿山一带，过去交通不便，导致柿饼销路不畅，经济发展缓慢。

党晨飞出生在富平县党沟村，这是一个拥有悠久柿饼加工历史的村子。党晨飞一家和村子里多数家庭一样，靠卖柿饼生活。

2005 年，19 岁的党晨飞为了减轻家里的负担，决定外出打工。他先是在保险公司做保安，后来去超市里跑促销。几经波折和失败，党晨飞终于迎来了人生的机遇。一次网购的时候，一个想法突然从他的脑海中冒出——为什么自己不能开网店呢？

2009 年，党晨飞回到富平老家后，借钱买了台电脑，注册了一家专门出售富平柿饼的网店。刚创业的时候，他同样碰到了产品滞销问题。但是他没轻言放弃，不断改变包装款式与营销模式，一段时间后柿饼销售逐渐好转起来。

党晨飞的店铺里，一直有一个醒目的标语——不好吃不要钱。这既是他对富平柿饼的自信，也是对自己坚持卖最好的柿饼的自信。

富平柿饼

　　网上售卖富平柿饼的事业日益红火，随之而来的是大量的订单。这让党晨飞将柿饼的收购范围扩大到周边村镇，接着是整个富平县。他与各村乡亲们签订了收购保底协议。很快，党沟村及周边地区柿子树的种植面积迅速增加，柿饼产量直线上升。

　　赚钱并不是党晨飞的全部追求，带领乡亲们共同致富才是他的人生目标。如今，在他的宣传带领下，村镇里的年轻人纷纷从事电商，十里八乡的就业难题有了可喜的变化。

　　在富平这片热土上，产出了成千上万吨的美味柿饼，还出了一个利用互联网平台推销农特产品的"柿饼哥"。党晨飞是中国梦的践行者，更是圆梦者，是一个80后返乡青年创业成功的典型，也是新时代众多有志青年的缩影。让传统农特产品"触网"，改变的不仅仅是一个普通农村青年的命运，也正重构着富平及其传统农业的未来。

■ 马洁

美丽西安

梦回大唐

"导演，让我也来试试这个不倒翁吧。"一个秀气的小姑娘笑嘻嘻地对筹划不倒翁演出的导演说道。此时，一筹莫展的导演上下打量了一番这个纤细温柔的小姑娘，摇了摇头说："站在不倒翁上跳舞是很危险的，你有把握吗？"

"我不怕，就让我试试吧。"眼前的小姑娘嫣然一笑，冲着导演郑重地点了点头。看着小姑娘坚毅的眼神，导演不再劝说，工作人员小心翼翼

不倒翁小姐姐

地将她的双腿绑在红色不倒翁桩上，让她能在不倒翁上站好。

不一会儿，慢慢熟练不倒翁的小姑娘便能站在上面灵活转动。随着不倒翁的旋转，女孩还能加入一些古典舞的动作来带动氛围。导演被眼前这个姑娘的试演所惊艳，激动地说："这不就是我要找的人嘛！"就这样，小姑娘顺利成为不倒翁"唐妞"的扮演者之一，也成了西安大唐不夜城一道亮丽的风景线。

这个率性大胆的姑娘每次演出时，会在脸颊上涂一团红红的胭脂，身着黄色纱衣，远远看去十分可爱，与动漫中的"皮卡丘"神似。她脚下踩着圆形不倒翁，身姿轻盈，似仙女般随风摇曳，因此被观众亲切地称为"不倒翁小姐姐"。

大唐不夜城

大雁塔下，夜幕中的大唐不夜城灯火绚烂，人山人海。这时候便到了她的表演时间。站在不倒翁上，她的身体仿佛与不倒翁融为一体，随着不倒翁的转动而摇摆，雍容的头饰和华美的衣裙呈现出一副盛唐气象，观众的目光被她那优美婀娜的舞姿牢牢吸引。

她每次即将接近地面的时候，都能优雅转身，整个人迅速抬起。红色襦裙上系的丝带迎风飘荡，笑容在她的脸上绽放。这时，她还会用团扇轻拍观众的手，点头致意，一颦一笑间将中国古典美人的妩媚娇羞演绎得淋漓尽致。

不倒翁小姐姐演出散发的正是西安古城的不朽魅力，是人们对东方古典美学的呼唤与追求。现在，许多来过西安的游客都不由赞叹，夜幕降临时的西安仿佛穿越千年，重回开元盛世，那些已然消逝的历史又活生生地出现在眼前，中华民族记忆中的大唐华章被再度唤醒。

钟楼、古城墙、大雁塔与大唐不夜城相映生辉，见证着今天西安的美丽繁华。西安，这座古老而又年轻的城市，如同明珠一般在陕西的大地上绽放光彩，陕西人民用热情与智慧书写着西安浓墨重彩的现在与光明璀璨的未来。

■ 柴鑫彤

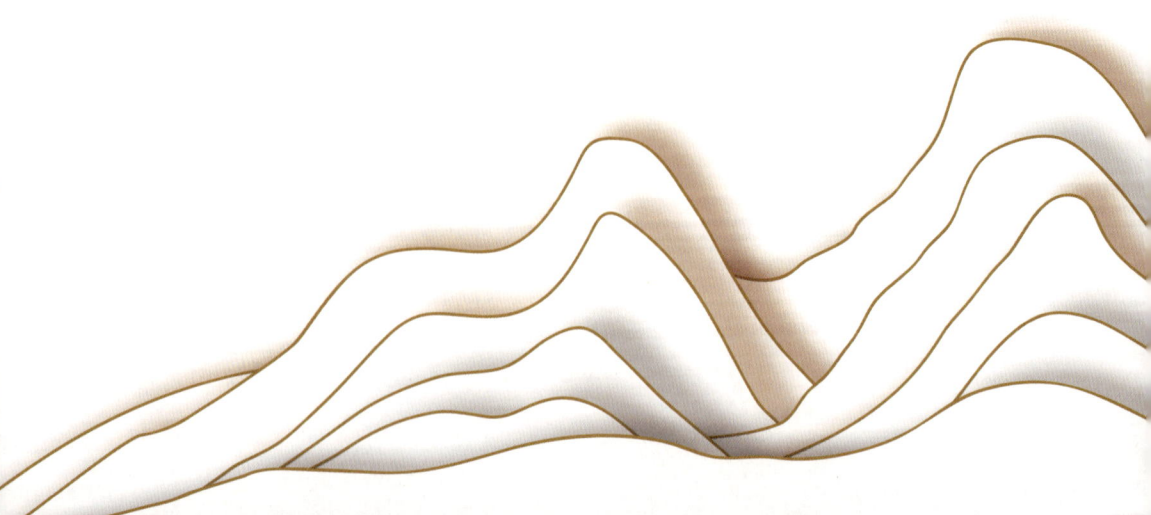

陕西·精神

导　言

地方精神是一个地方的灵魂，是当地人普遍认同的精神价值与追求。那么，在陕西这块饱经风霜和岁月洗礼的土地上，一代又一代质朴勤劳的三秦儿女们形成了哪些独特的精神呢？

陕西有两种重要精神，它们分别是延安精神和西迁精神。

延安精神形成于中国的革命战争年代，是中国红色革命精神之一，是中国共产党人在延安十三年的战斗中创造的一种精神。张思德同志是延安精神的代表人物之一，毛泽东在《为人民服务》一文中高度评价了张思德同志，并旗帜鲜明地指出："我们这个队伍完全是为着解放人民的，是彻底地为人民的利益工作的。"在延安精神的指引下，老一辈无产阶级革命家和广大人民群众不怕难、不怕苦、不怕牺牲，与一切反动势力进行了艰苦卓绝的斗争，最终缔造了中华人民共和国。

西迁精神形成于社会主义建设时期，是西安交通大学的教师们在扎根西北、传承学术的过程中产生的一种精神。以陈学俊为代表的一批知识分子在艰苦的环境中，舍小家为大家，克服诸多困难，收获了丰硕的科研成果，使西部教育事业焕发出生机与活力。

这两种精神虽然产生于不同的历史时期，但从根本上说，它们都是为国家和民族的独立、富强而无私奉献的伟大精神，它们的践行者都是光荣而崇高的。

让我们一起学习延安精神和西迁精神，心怀祖国、脚踏实地，努力创造更加灿烂的明天。

延安精神

全心全意为人民服务

"我们的共产党和共产党所领导的八路军、新四军，是革命的队伍。我们这个队伍完全是为着解放人民的，是彻底地为人民的利益工作的。张思德同志就是我们这个队伍中的一个同志。""张思德同志是为人民利益而死的，他的死是比泰山还要重的。""我们为人民而死，就是死得其所。"毛泽东在张思德的追悼会上沉痛而坚定地说。

1944年9月5日，这一天原本跟往常一样，战士们在张思德的带领下挖窑烧炭，十分忙碌，然而意外却发生了。张思德，这名在战火与硝烟的革命斗争中成长起来的共产党员牺牲了，永远地离开了我们。

1936 年，长征之路漫长而又艰辛，红军缺衣少粮，战士们经常吃不饱肚子。这时，党组织一声令下："尝百草！找到能吃的野草！"看着漫山野草，张思德陷入了沉思，这些草虽然有未知的危险，但也是战士们生的希望。想到这里，他觉得自己有责任为大家做些什么。

"你这小子，又抢我的草！"看着眼前夺下他手中的草就往嘴里塞的张思德，老战士无奈又心疼地说道。"没事，我身体还好得很。"张思德边嚼草边说。旁边的小战士看到了，说："班长可不止一次抢过我们的草了，我们谁也拗不过他。"听到小战士这么说，其他战士也连声赞同。

某天和往常一样，战士们一边前进一边寻找着野草。经过一片沼泽地时，一位小战士惊呼："那儿有野萝卜！野萝卜！"说着就一路小跑，奔到跟前，拔起就要往嘴里塞。张思德看到了，一把夺过，咬了一小口，嚼起来。不一会儿，张思德感觉自己头昏脑胀、全身无力，他紧紧抓住小战士的手，挣扎着说道："有毒，快告诉……"话音未落，张思德就失去意识昏了过去。过了一会儿，张思德慢慢睁开了双眼，大家悬着的心才落了地，赶忙问他有什么感觉，张思德咬着嘴唇，艰难地说："告诉大家，千万别吃……"这时，旁边的几个小战士鼻子一酸，眼泪扑簌簌地落了下来。

1937 年，张思德正式加入了中国共产党。

1944 年，张思德响应中央大生产运动的号召，到安塞县（今陕西省延安市安塞区）开垦荒地，后来又去烧木炭，为过冬做储备。9 月 5 日，天刚蒙蒙亮，张思德和战士们进山挖烧木炭的土窑。分工的时候，张思德把自己分到了最远的山场。这时张思德旁边的同志白满仓争着说道："副队长，我烧炭这么久了，让我和你一起去吧！"说着，还有几个战士也抢着和张思德一起。于是，张思德和白满仓等几名战士一起出发，前往几天前刚挖开没多久的新窑。

路上，下起了毛毛雨，地面湿漉漉的。很快几人便到了新窑，张思德在窑里挖着，白满仓在窑洞口清理张思德挖出的渣土。另外几位战士则在离窑洞不远的树林里砍树，为烧炭做准备。中午时分，雨越下越大，眼看着炭窑就要挖好了，突然窑顶哗啦啦地往下落土，接着便坍塌下来。

张思德和白满仓此时都在窑里，在坍塌的一瞬间，张思德没有丝毫犹豫，用尽力气将白满仓远远推出窑外，自己却永远留在了那里。

白满仓大声喊叫着，砍树的战士听到动静之后也赶了过来，他们拼命地想要挖开废墟，救张思德出来。张思德被挖出来的时候，紧闭着双眼，脸色铁青，已经失去了呼吸。任凭众人如何呼喊，他再也无法听到了。

后来，警卫团将消息报告给毛主席，毛主席听闻事情经过后心情不由得沉痛起来，于是决定为张思德同志召开追悼会，寄托生者的哀思，让战士们能更紧密团结、坚强奋斗。"为人民利益而死，就比泰山还重"，毛主席的话如有千钧之力，掷地有声地响彻在每一个共产党员的心田。"为人民服务"，这不仅仅是对张思德同志的赞扬，更是每一个共产党人都应牢牢记住的宗旨。

毛泽东、周恩来、朱德等老一辈无产阶级革命家在延安时期那个艰苦奋斗、浴血奋战的年代缔造了以全心全意为人民服务为根本宗旨的延安精神，并使其成为中国共产党领导全国人民取得抗日战争、解放战争胜利，实现中国人民站起来的重要法宝之一。

坚定正确的政治方向，解放思想实事求是的思想路线，全心全意为人民服务的根本宗旨，自力更生艰苦奋斗的创业精神是延安精神的主要内容。延安精神是中国共产党的重要精神谱系之一，是中国共产党的优良作风的集中反映，是中国共产党人崇高品德和伟大情怀的集中体现。

■ 王娜

西迁精神

与祖国同命运

1955 年，为了适应国家建设的需要，国家决定将交通大学从上海迁到西安，在西北建设一所高水平大学。面对西迁的重大决定，交通大学的师生中出现了一些不理解的声音。此时，一位名叫陈学俊的教授站了出来，表示坚决拥护中央决定。他认为交通大学的迁校问题，不仅是交通大学自己的事，还直接关系到院系调整和沿海支援内地，关系到整个国家的发展战略布局。

陈学俊教授就是西迁队伍中最年轻的教授，当时仅 38 岁。他是我国锅炉专业、热能工程学科创始人之一，后来扎根西部六十载，踏踏实实搞学问，为党和国家的事业奉献了自己的一生。

1957 年的秋天，陈学俊怀着满腔报国热情，与同在交大任教的夫人袁旦庆带着孩子，乘坐载有交通大学教师的第一批专列，从上海来到了西安。站在新校园东门，他眺望秦岭，写下这首《迁校有感》：

> 秦岭一片白云飘，关中平原真富饶。
> 周秦汉唐是古都，工业重镇在今朝。
> 交大西迁任务重，西安建校热情高。
> 文教适应工农业，经济建设进高潮。

出发前，夫妻俩注销了上海户口，将全部家具和行李带到了西安。他们还将位于上海国际饭店后面的房产，无偿上交给上海市房管部门。

后来，很多人都对他们夫妇说："太吃亏了，保留到现在的话，那两间房子不是很值钱吗？"但是陈学俊却说："既然要去西安扎根，就不要再牵挂房子了，那些都是身外之物，不值得去计较。"

刚迁到西安的时候，交大校园就是一片大荒地，校园的梧桐、樱花和草皮还需要从南方移植过来，食堂也是临时搭建的小棚子，经常能看到野兔在草丛里跑，半夜也能听到野狼嚎叫的声音。

这样艰苦的条件对于习惯了繁华上海的教授们来说，无疑充满着巨大的挑战。但也就是在这样的环境下，陈学俊选择了坚守，一待就是六十年。六十年来，他凭着发展西北和促进祖国建设的信念，从黑发走到白发，走过两万多个日日夜夜。

20 世纪 70 年代末，在陈学俊教授的带领下，西安交大创建了国内第

西安交通大学

一个工程热物理研究所。90 年代初，西安交通大学又建设了当时中国唯一的动力工程多相流国家重点实验室。

其实，当时国家有政策，在西安工作几年后就可以回到上海。但陈学俊却选择牢牢扎根在大西北。之所以作出这样的选择，不是不想回到上海，而是为了更好地实现科学事业的发展，将个人命运与祖国命运牢牢结合起来。

"我是一块砖，哪里需要哪里搬。""党让我们去哪里，我们背上行囊就去哪里。""哪里有事业，哪里有爱，哪里就是家。""到祖国最需要的地方干事创业。"这是当时大家最爱说的话。

在当时的西迁队伍中，还有张鸿、陈大燮、钟兆琳、赵富鑫、周惠久、黄席椿、沈尚贤等教授和专家。这些老一辈西迁人都像陈学俊教授一样，放弃了上海优越的生活环境，有的只身前往西部，有的与家人一起驻扎西部，将自己的名字永远镌刻在了交大西迁的史册上，诠释了老一辈西迁人爱党报国的使命担当和与祖国同命运的家国情怀。

交大的西迁，不仅是从上海到西安的城市之间的转移，更产生了一大批可歌可泣的事迹。这些事迹的背后凝聚着"胸怀大局，无私奉献，弘扬传统，艰苦创业"的西迁精神。他们始终秉承着一颗爱国之心，坚定不移地"听党指挥跟党走"，到祖国需要的地方去贡献自己的力量。

直至今天，这种精神仍旧是需要我们不断弘扬的，青年学生要紧随国家和民族的步伐，到祖国最需要的地方，用双手和行动去创造美好的明天，构筑起中华民族伟大复兴的动力之源！

■ 陈娜燕